# 心理療法って何？

## カウンセラーに聞きたい Q & A 80

著

古 澤 聖 子

星和書店

# 目　次

## 附．落ち穂拾い ------------------------------------------------------ 169

# 序　文

上智大学名誉教授　　福島　章

　カウンセリングという言葉は誰でも知っている。しかし，その言葉から導かれる連想は，必ずしも一様ではなく，多くは実際のカウンセリングという仕事とは一致しない。

　ある人は，カウンセリングとは相談のことで，話を聞いてあげたり頷き返したりしてあげることだと考えている。

　また別の人は，それとは反対に，カウンセリングとは来談者の話を聞いたうえで，さまざまな情報を与え，教えたり導いたりすることだと考えている。

　あるいはまた，カウンセリングとはなにか魔法のような力で人の心を癒す業である，と信じられているかもしれない。

　しかし，ただ話を聞くだけの相談なら，家族でも茶飲み友達でもできる。しかし，カウンセリングは，専門的な訓練を受けた心理臨床家・カウンセラーにしかできない。いわばプロフェッショナルな行為である。

　情報提供や指示・説得などは，心理臨床家よりは学校の先生のほうが大いに得意とする分野である。そこで，学校の先生にカウンセリングを講じるときには，共感・受容・支持といった側面を強調しなければならない。また，心理関係でもCOACH（コーチ）と呼ばれる技法が開発されている。これもカウンセリングの一派だと言えなくもないが，カウン

セリングの全体からみればやや特殊な方向に向かうものと言わざるをえない。

それでは，カウンセリングとは，専門家の修得した専門的な技術による癒しの秘法かというと，必ずしもそうではない。たしかに，カウンセリングには心を癒し，心を育て，心を豊かにする機能があることは事実である。しかしそれは，昔の魔法使いがそのお師匠さんから習った秘技を勿体ぶって来談者に施すという一方的なものではない。カウンセリングは，カウンセラーと来談者との間の，相互的で開かれた人間関係の上にはじめて成り立つものであり，そこが魔術と違うところなのである。

つまり，カウンセリングは，カウンセラーという専門家と，その援助を受けにカウンセラーを訪れた人（クライエント，来談者）との間に起こる相互的で豊かな人間関係とその歩みを意味する言葉であって，相談や情報提供や魔法とは違う次元のものである。

そうは言っても，カウンセリングとは，日常生活の中には他に類例をみない人間関係だから，一般の人々にはそれが具体的にどんなことをするのか，そこで何が起こり，何が生まれてくるのか，などを想像することは難しい。だから，何か相談の必要を感じても，カウンセラーのもとを訪れてみるにはなかなか勇気が必要である。

たとえば，カウンセラーを頼りにするのは依存的な態度ではないかとか，カウンセリングに行くと自分のコントロールの力を超えた魔法でもかけられて自分が変えられてしまうのではないかとか，はなはだしい場合には精神科の患者として扱われてしまうのではないか，健康保険がきかないからお金がかかるのではないか，などなどといった不安を抱く人々もいる。それは，カウンセリングというものが普通の方々にとっては「謎」であるからである。

この本は，そのような謎をわかりやすく解き明かし，カウンセリング

ではどのようなことが起こり，カウンセリングの成り行きはどのように自分で決定できるのか，それがなぜ健康な人の魂の成長にとっても，心に問題を抱いている人の癒しにとっても有効なのか，といった問題を，普通の人でもよくわかるように，具体的に，詳しく教えてくれている。

　この本を読んだ人は，たいていは納得し，「さあ，そういうことならこれからカウンセラーの所に行ってみようか！」という気持ちになるのではないだろうか。


　さて，話は変わるが，私は精神科医で，カウンセリングの専門家とはとても言えない。しかし，若いころ，本屋の棚に『精神療法と精神分析』（土居健郎著，金子書房刊）と題する一冊の本を偶然見つけ，まだ臨床体験もない医学生の身でありながら魅入られるようにその本を通読した。その本は，精神療法（心理療法，サイコセラピー）の実際を，そのプロセスの流れに沿いながら，具体的に症例を引用しつつ，適度の理論的紹介を含んで，みごとに描き出した本であった。

　私はそれまでも，宮城音弥氏が岩波新書に書いた何冊かの啓蒙書を通じて，精神分析や心理療法についての知識を蓄えてはいた。しかし，本当に精神分析療法やサイコセラピーというものが「わかった！」と感じられたのは，この土居先生の本を読み終わったときのことであった。

　それから，この本は私の座右の書となった。私が間もなく精神科医となり，実際の患者さんの治療を担当するようになってからも折々，初回面接の前には契約のところを読み直し，治療が佳境にさしかかったら転移の章を参照し，治療が終結を迎えるときにはなすべきことを確認するためにまた終結の章を参照して教えられた。もちろん，セラピーに自分の癖などが出過ぎてきたと反省したときには，原点とも言うべきこの本に立ち戻って軌道修正したこともあった。いずれにせよ，心理療法家と

して私の成長には必要不可欠なマニュアルとなった。

　以上は，私が治療者として——カウンセリングでいえばカウンセラーとして——働くときに土居先生の本が役に立ったという例であったが，私の担当した患者さんの中には，稀にだが，私の愛読書と同じ本を愛読書にしていて，自分の受けている心理療法についてあれこれ考えたり工夫をしたりする人がいたこともあった。これはもちろん，治療にはプラスの方向に働いた。実は，この土居先生の本は，サイコセラピーを受ける方の人々が読んでもよくわかり，啓発されるところの大きい，ためになる本だった。

　もう一つのエピソードを書く。私が精神科医になってしばらくたってからカウンセリングを学び実践している方々とお近づきになり，当時大いに流行っていたロジャース派のカウンセリングを学んだり，その訓練を受けたことがあったが，その際にも，親戚筋にあたるフロイト派の知識とその臨床体験をもっていることが大いに役に立ったと思っている。

　このような御利益に感謝の意を表しようと思ったのかどうか，動機ははっきりしないが，土居先生の本を読んで四半世紀を経たころ，私は『精神分析で何がわかるか』（講談社ブルーバックス，新書版）という小さな本を書いて，一般の方々に精神分析療法とはどのようなものかを知っていただこうと考えた。

　ところが，この本は意外なほど世間に迎えられ版も重ねている。この読者のほとんどは，医者でも患者でもない，一般の読書人だった。しかし，（実は最初からひそかに意図していたことでもあるが）心理療法家を志す人がその入門書としてこの本を読んでくださったケースもかなり多かったようである。出版後何十年か経ってから，講演会後の懇親会などに出ると，初対面の若い精神科医や心理臨床家が近づいてきて，「実は先生のあの本が，駆け出し時代の私のマニュアルでした」などという

告白を聞くこともしばしばだった。

　さて，本書の著者の古澤聖子さんは，上智大学とその大学院で私の学生だったから，土居先生からみれば孫弟子にあたる方である。

　その古澤さんが，カウンセリングとはどのようなもので，具体的にはどのようなプロセスで進んでゆくものであるかということをきめ細かく描き出し，そもそもカウンセリングとはどのようなものであるかということを世の中の人に示したいという。

　これは，師である私や，祖師である土居先生が試みたことを，精神分析の隣接領域ともいえるカウンセリングでする試みであり，長い歳月の間に繰り返される「反復」の妙に感慨深いものがある。

　しかし，考えてみると，土居先生の本が出た半世紀前に比べると，精神分析学の理論や実践は大きな変貌を遂げている。カウンセリングの世界も，ロジャース流の来談者中心療法・非指示療法の全盛時代からみると，多くの注目すべき学派や技法が現れている。そして，群雄割拠の混沌の時代を経て，現代はより高い次元での統合が達成されている時代といってもよい。このような時代にも，このような時代に即した一冊の本が登場するのは意味深いことであろう。

　一読すると，この本は古澤さんの誠実で考え深い性格をよく反映していて，緻密かつ正確にカウンセリングのプロセスが描き出されており，それは，カウンセラーが読んでも，来談者（クライエント）が読んでも，自分の位置や方向を示唆する，たいへん頼りになる羅針盤となることだろう。さらに最も心を打たれるのは，簡潔・明晰な文章の間から，カウンセラーとクライエントの間の関係において生じる，生き生きとした交歓や，豊かな創造性を孕んだみずみずしい共感性が，つまりカウンセリ

ング関係の本質といったものが示されていることであろう。これは著者
のもう一つの才能である，直観的洞察に負うところが大きいようである。

　土居先生や私の本が精神分析の領域でそうであったように，この本が
多くの読者を得て，こころの問題を抱えたり，こころの成長を願う人々
に読まれることを願っている。この本を読んで，一人でも多くの人が，
「さあカウンセリングに行こう！」と思い立つことを願っている。また，
カウンセラーを志したり，今その訓練を始めている人が，適確・有用な
マニュアルを得て，クライエントの幸福に資するところが大きくなるこ
とを願っている。たぶん，この本は私のこれらの願いを満たしてくれる
だろう。

# まえがき

　あなたの会社や学校にカウンセリングルームがありますか。カウンセリングルームと呼ぶ部屋はなくても，決まった曜日にカウンセラーが訪れる場所がありますか。最近，社会は身体の不調だけでなく，こころ模様も大切に扱うようになってきましたので，気軽に行ける相談室を用意しているところも増えたようですが，筆者の印象では，まだまだ敷居が高いように感じています。カウンセリングや心理療法に関する理解，知識も十分とはいえないでしょう。

　先頃，筆者はカウンセリングや心理療法に関して2つの調査を行いました。ひとつの対象は一般の方で，もうひとつの対象は学生でした。前者は，公表のためのプロセスを終えていないので，また別の機会にお知らせできればと思います。ここでは後者について記します。

　調査のひとつに，カウンセリングや心理療法のイメージに関する問いを設けたところ，以下のような結果が出ました。全体の割合は「親身になって聞いてもらえる」「誰にも言えない悩みも理解してもらえる」「悩みを和らげてくれる」「自分自身を見つめ直すきっかけをつかむところ」「悩み事の方向性が見えてくる」など，比較的良いイメージを持つ者が，72％。「利用してみたいが，敷居が高い」「コソコソと隠れていく印象」「相当悩まないと相談はしない……ちょっと暗いイメージ」「頭がパニックになりそうな人の相談」「暗い部屋での催眠術みたいなもの」「なんかものものしい……」など，否定的なイメージを持つ者が15％。ほかに

「不思議なイメージ」「表現しにくい」などが13％でした。それぞれの割合は，予想していた数値よりも，やや良かったものの，現代の若い世代において，このような否定的なイメージも持っていることがわかりました。この結果が，日本全体の母集団（サンプル）とは言いきれませんが，ある一面を表していると思います。ここまでは，おそらくカウンセリングや心理療法を経験したことがない方の話です。

　さらに，日々勤務している病院や相談室を訪れるクライエントから，いくつかの質問を受けます。しだいに，それぞれ尋ねる人は違うのだけれど，比較的質問は共通していることに気づきました。その折々で適切に返してあげれば済むことを，うまく返せないで，もどかしさを覚えたりすることもありました。一つひとつを面接の中で取り上げたほうがよいと考えてみたりもしています。


　上述のように，カウンセリングや心理療法に関して，人はいろいろ先入観を持っています。当たっていることもあるかもしれませんが，そうでないこともあるでしょう。このようなことから，来談者が，あらかじめ必要な情報を知ったうえで臨んだほうがよいのではないかと考えるようになりました。

　いくらカウンセラーや治療者側で，枠構造を大切にして時間をしっかり守っていこうとか，スタンダードにやっていこうと思ったところで，相談する側が，なかなかそれに乗れなかったり，乗るまでに時間がかかってしまうことは，お互いに良いこととは思えません。なかには疑問を感じながら言い出せずに過ごす方もいるでしょう。カウンセラー側と相談する側（クライエント）の，カウンセリングや心理療法に関する誤解やずれは少ないほうがよいと考えます。基本的なところで共通理解ができていれば，意義あるカウンセリングを目指せるでしょう。パソコンや

スマホ（スマートフォン）・携帯電話の使い方と同じくらい，なじんでいただきたいと思っています。このような目的のもとに書いたものです。

　本書を読むことで，それまでカウンセリングや心理療法に抱いていたイメージと違うことに気づく方も多いことと思います。それまでのカウンセリングや心理療法に関するイメージと，本来のそれとの距離を縮め，カウンセリングや心理療法への架け橋になることを希望しています。


　本書は，カウンセリングや心理療法の流れに沿って記述しましたので，順を追って読んでいただくことで，全体をつかむことができます。また，とりあえず始める前に必要なところに目を通し，進行に応じて読み進めていただいてもよいと思います。

　ところで，各々の項には大変伝えづらいこともあって，伝えずに済ませてしまえば楽であることがわかっているものがあります。しかし，自らの背中を押して忠実に記すことに努めました。

　少し難しい用語や表現のところもありますが，これも，できるだけ真の情報を伝えることを目的としたためです。平易な言葉で触りだけを書くということも，ひとつの方法ですが，カウンセリングや心理療法を受けようと思う方は，人生に対して前向きであったり，好奇心も旺盛であったりする方でしょうから，知識として得ていても害にならないと思われるところまでは記すことにしました。

　なお，ポイントとなる用語は太字で示し，いっそうの理解の助けとなるように，さらに詳しく知りたい方のために，巻末に「用語解説」を設けました。専門の用語には原語を併記しましたので，さらなる深い認識に向けて渉 猟することも可能でしょう。本文と併せてご覧いただければと思います。

　また本書は，優れた指導者や研究者により語り継がれた，カウンセリ

ングや心理療法のエッセンス，こころのメカニズムや治療方法，またその裏づけを，筆者が大切に温め，編み直したものでもあります。そういう意味で，一般の方に限らず，初学者の皆様にとっても，カウンセリングや心理療法を学ぶ際に，役に立つものであるとよいと願っています。ここでのテーマを起点にして，自らの考えの展開や仲間との意見交換の契機になれば，いっそう望ましく思います。

さて，カウンセリングには，医師や学校の先生，職場の上司の紹介でやってくる方もいます。また，親に促されてしぶしぶ足を運んでくる方もいます。しかし，あなた自身の意思で訪れてもらえるとしたら，それはとても価値のあることです。

きっかけはいろいろでしょう。悩みや問題の対処に苦慮されて扉を叩く方もいるでしょう。誰も自分の気持ちを理解してくれない，こころの依りどころがなくなってしまったことに落胆して，相談にみえる方もいるかもしれません。自分の悩みを知っている人には話せないという方もいるでしょう。

そのきっかけは何であれ，長い人生の一時期，カウンセリングや心理療法を通して自己を客観的にみる機会があってもいいと思います。決して回り道ではなかったことがわかるはずです。その最初の行動を，自分自身で起こせたのだとしたら，その後の道のりもきっと実り多いものになると思います。

カウンセリングに通うあなたは，隣に座っている，まだ始めていない人より少し勇気があったのかもしれません。とりたてて勇気がなくてもかまいません。通っているうちに，きっと湧いてきますから。「きょう，カウンセリングの日なの」と気軽に言える日が来ることを願うばかりです。カウンセリングを受けてみようと思う方には，そのスタートに向け

てうまく実を結べるように，また，その途上がほどよく進めるように応援したいと思っています。本書が，その一助になれば幸いです。

# ◆◆◆ 本書の表現について ◆◆◆

## 1．「相談」「カウンセリング」「心理療法」に関して

　文中では，「相談」「カウンセリング」「心理療法」の表現が用いられています。上記に加えて，「セラピー」という表現も用いられます。

　昨今，美容の世界など，さまざまなところでカウンセリングという言葉が使われています。そこで，「心理療法」で統一することが本意でした。

　しかし，本書の目的は，カウンセリングと心理療法の本質を究めるものではありません。一般の方のなじみやすさを考慮し，主に「カウンセリング」の表現を使用し，時に，項目や文脈によっては使い分けをしています。カウンセリングと心理療法を同時に用いている箇所もあります。

## 2．「カウンセリング」「治療」に関して

　文中では，「カウンセリング」と「治療」の両方が用いられています。上記に加えて，「セラピー」という表現も用いられます。

　本来，「カウンセリング」と「治療」（セラピー）は異なるものです。

　しかし，本書の目的は，カウンセリングと治療の本質を究めるものではありません。そこで，項目や文脈によって，できるかぎり適切なほうを選択しています。文中，そのどちらにも通じるような使い方をしている箇所もあります。

## 3.「カウンセラー」「治療者」に関して

　文中では,「カウンセラー」と「治療者」の両方を用いています。上記に加えて,「セラピスト」という表現も用いられます。

　「カウンセラー」と「治療者」(セラピスト) では, その営為に重なる面もありますが, そうでない面もあります。

　しかし, 本書の目的は, カウンセラーと治療者の本質を究めるものではありません。そこで, 項目や文脈によってできるかぎり適切なほうを選択しています。文中, そのどちらにも通じるような使い方をしている箇所もあります。


## 4.「相談者」「来談者」「クライエント」に関して

　文中では,「相談者」「来談者」「クライエント」の表現が用いられています。カウンセリングや心理療法をを希望して来られる方を, このように表現しています。項目や文脈によって使い分けをしています。カウンセリングを始めた方に対しては, 積極的にクライエントという表現を使っています。「クライエント」という表現に関しては,「33. クライエントって何のこと？」の項に記しました。なお, 法や IT および一般社会においては,「クライアント」と呼んでいますが, 全く同じ用語です。法や IT の世界では,「顧客」や「取引の相手方」を「クライアント」と呼んでいます。一方, 心理や福祉の世界においては「クライエント」と呼びます。英語の client［発音 kláiənt］をカタカナでどう表現するかだけの違いですが, 法も心理も慣習によるところが大きいといえます。本書では, 慣習に従って「クライエント」としています。

## 5.「臨床心理士」「公認心理師」に関して

　「臨床心理士」は，公益財団法人日本臨床心理士資格認定協会が実施する試験に合格し，同協会に登録した者をいいます。心理学が学べる 4 年制大学卒業後，心理学が学べる大学院博士前期課程を終えたのち，試験に臨む者が多いです。

　「公認心理師」は，2015（平成 27）年 9 月 9 日に国会を通り，同年 9 月 16 日に公布され，2017（平成 29）年 9 月 15 日に施行されました。第 1 回の試験ののち，合格者が同年のうちに登録し，「公認心理師」資格を得ました。

　本書は，臨床心理士，公認心理師の双方に対応しています。

### 〈本書の表記について〉

1. カウンセリングや心理療法上，ポイントとなる用語は太字で示してあります。
2. カウンセリングや心理療法上，ポイントとなる用語で巻末に解説があるものは，＊で示してあります。

# Ⅰ 　始める前に誤解を解いて

# **1** おかしい人が来るのではありませんか

「おかし（をかし）」がもとであるといわれている「おかしい」は，広辞苑によると，

A ①こっけいである，つい笑いたくなる感じである，おろかしい，
　②変だ，変わっている，いぶかしい，あやしい，
　③お粗末である，みすぼらしい，
B ①心ひかれる気がする，好ましい感じである，
　②おもしろい，興味がある，
　③趣がある，風情がある，

のAとB，2つの意味群が記載されています。

前者Aからは，自分から切り離して遠ざけたい印象を受け，後者Bからは，自分から歩み寄っていきたい気持ちが受け取れます。1つの言葉に，離合の両方の意が汲み取れるということは，それこそ興味深いところです。いとをかし，であります。

ここで問題にしたいのは，前者A②のところで，変であったり，変わっていたりするさまです。変わっている，というくらいですから，もとの状態や本来の様相とは違っているものを指すのでしょう。これを，人間のありさまにあてはめてみると，「おかしい」というのは，人と違った考えや行動ともいえるでしょう。では，現代において「おかしい」状態というのは，どの程度人と違った様相を示すものであるのか，考え

をめぐらせてみます。たとえば，世にある常識というものを，もとの基準とすると，その域を超えているか否かということは，ひとつの目安になると思います。しかし，どうもそれだけでは判然としません。そこで，分別の有無など，ほかの基準にもあたります。それでも，すっきりしません。なぜかというと，それは今の時代だからこそともいえると思います。

　人々のもののとらえ方や価値観は，ますます多様の途を極め，人と違った考えや行動をとる人など，それこそ探さなくとも溢れています。若い世代においては，むしろ同じであることのほうを嫌う傾向も見受けられます。その結果として，精神科領域のある病気が（総体的に減ることはなくても）軽くなったともいわれています。今の社会や文化において，少々のおかしさは許容の範囲です。ともすると遊びごころや余裕にもつながっていきます。

　このように推考を進めていくと，あの人はおかしいとか，おかしい人の行くところという考えは，もはやナンセンスであることがわかります。ただし，おかしさも極まり逸脱の範囲が大きくなると，その本人は，自分のおかしさに気づきません（**病識**\*）。そのような人は，カウンセリングには訪れません。大事なことは，カウンセリングという場が，自分にとって必要な場であるかどうかだと思います。

# **2** 病気の人が行くところではないのですか

　偏見が払拭されるまでに，もう少し時間が必要でしょうか。「カウンセリングルームのようなところは病気の人が行くところではないですか」との質問をよく受けます。ここで，病気というのは，おそらくこころの病気というものを指すのでしょう。こころの病の実体はよく知らないけれど，とても危うげで近寄りがたい感じを持っているのかもしれません。そうなると，病気でない自分でありたいし，病気と思われては困ることになります。どうもこのあたりにお尋ねの核心がありそうです。他の人はともかく，自分に対して病気というレッテルは困るわけです。そこには，「分けたい」気持ちが働いてしまうのでしょう。

　さて，こころの病に関してたしかに治療者は目安を持っているものの，一般の方が，この辺りからこの辺りは健康，この辺りからこの辺りは病気という分け方ができるでしょうか。ちょっと病気，きっと病気……なんだかおかしな話ですよね。われわれ専門家の世界では，「スペクトラム（spectrum）」で表現します。

　誰でも偏見はいやだと思うでしょう。しかし，その分けたいという気持ちには偏見が隠されているのです。病気だったらという不安な気持ちは理解できますが，病気の人が行くところには，自分は行きたくないというとらえ方には誤解があるようです。

　カウンセリングを受けている方のなかには，医師の診察も並行して受けているという方もいますが，よりよい自己を目指したいと考えて受けにくる方もいます。来室されるとわかると思いますが，そこは，病気を

強く意識する場ではない，ということです。病気にかかった方は，病名は気になるものかもしれませんが，病名を知らされることや病気を指摘されることだけが意味のあることではないはずです。病気にかかったのであれば，そこから何をしたらよいのか，何ができるのかを考えていく姿勢が大切だと思います。カウンセリングの場では，それを考えていきます。

　ところが，世の中には病気であることをよしとする方，なんだか病気も悪くないという方もいるのです。身体の病気に限らず，こころの病気であっても同様です。そんなことがあるわけはないと思われるかもしれませんが，治療者が一生懸命治療を進めようとすると，治したい気持ちとは裏腹に，このまま治ってしまっては困るという心性が働くのです。子どもの頃を思い返されると理解しやすいでしょう。風邪で熱を出すと，母親をはじめ家族がなんだかやさしくしてくれたりした記憶はありませんか。病気の人間には，周りはいくらかやさしく接してくれたりするものです。そちらの恩典の部分をこころのどこかで覚えているのか，無意識ではありますが，病気でいることに傾くこころもあるのです。「疾病<ruby>利得<rt>りとく</rt></ruby>」と見立てることがあります。

# **3** いったいカウンセリングって何ですか

　日頃思っていること，感じていること，変えたいと思っていること，困っていること，苦しいことをひとまず話してみる，それはすでにカウンセリングの一歩なのです。話すだけで気が済んでしまうこともありますが，たいていは，そこから，ちょっとずつ話の成分を小分けに整理したり，分かれているものをつなげたり，そんなことを繰り返していく作業であるともいえます。そして，カウンセラーと来談者とは**治療関係**[*]，**治療的関係**[*]と呼ばれ，一般の人間関係とはいくらか相違があります。といっても，明らかにそこにも，ひとつの対人関係が存在するのです。いわばカウンセリングは，訓練を受けた専門家と困ったことを抱えている方の双方が，一緒に問題に取り組んでいこうとするものといえるでしょう。援助関係と呼ばれることもありますが，ある方向に向けて，共に協力し合う関係です。

　またカウンセリングはひとつのサポートシステムです。そのサポート方法についても少しお伝えしておきましょう。ひとつは，とにかくクライエントの話や言葉を聴くということです（**傾聴**[*]）。同じ話であってもかまいません。何回でも耳を傾けます。その際，カウンセラーはほどよい感受性をもって，できるかぎりの先入観を排除してクライエントを受け容れます（**受容**[*]）。家事の合間の4，5分とかほんの立ち話というのではなくて話を十分に聴きます。このように受け容れてもらいながら，ていねいに聴いてもらうということを，日常経験されることは少ないのではないでしょうか。この体験によりクライエントのこころが軽くなっ

たり問題に立ち向かう力が育ったりします。

　一方，言葉を使うことがとても苦手な方には，言葉の代わりに絵を描いてもらう方法（**絵画療法**[*]）や，机くらいの大きさの砂が入った木箱に，ミニチュアの人や物を置いてひとつの庭（箱庭）を作ってもらう方法（**箱庭療法**[*]）もあります。イメージをコミュニケーションの手段とするのです。治療者は，そこに表された世界から，クライエントのこころ模様を探っていきます。絵画や箱庭を治療者は一緒に作成することはありません。作っているクライエントの傍らで見守っています（**ホールディング**[*]）。見守られる体験というものもなかなか大切なことです。

　さてカウンセリングは，あなたが意識していることに焦点を当てることもあるけれど，あなたが気づかない無意識を探っていく過程でもあります。無意識，というくらいですから，自分では気づかない領域のことで，そこは少しばかり，やっかいなこともあります。普段，意識と無意識の間には「蓋（ふた）」のようなものがあると考えられています。蓋の中は，そう，意識のほうからは手が届かない領域でありますから，もやっとした形にすらなっていないものや，暗号めいた「？」が溢れています。しかし，そこに意味のある道標のようなものや，探しもののかけらが隠されていたりするのです。そのかけらのひとつは，はるか遠い昔，子どもの頃のものかもしれませんし，もう少しおとなになってからのものかもしれません。カウンセリングや心理療法は，そのプロセスのなかで，その「蓋」を開けることがあります。カウンセラーや治療者のほうで，あえて，それを試みることもありますが，自然に，流れのなかで開くこともあります。もやっとした世界ですから，そこは安全に取り扱いたいところです。極めて安全に取り扱わなければなりません。治療者は，そのことを十分踏まえて慎重に進めますので心配はいりません。同時に，このようなことにも取り組めるということが，カウンセリングのひとつの

利点であるといえます。

　ここで，カウンセリングや心理療法が目指すことをもう少し記します。

　こころの中には，白色のブロックと黒色のブロックがあると仮定します。白色のブロックは，素直，おおらか，やさしさ，親切，協調的な気持ちのブロックで，黒色は，不安，恐怖，怒り，攻撃，嫉妬のブロックとしましょう。さて，人の心は，白色のブロックでできていると思いますか。白色だけであると良い感じがしますか。実は，そうではありません。白色のブロックだけでできているのではなく，黒色のブロックだけでできているのでもありません。よく，不安など感じてはいけない，不安を取り払おう！ 不安から解放されよう！ といったフレーズも見かけます。怒りを感じる自分はダメだ，修行が足りないから怒りを感じるのだと決めて，黒色のブロックを極力排除しようとしたり，黒色はないものと扱って，隅の方に追いやったり大きな風呂敷をかぶせてしまったりしている人を見かけます。そんなことをする必要はありません。なぜでしょう。両方のブロックがないと，こころは造れないからです。

　さて，白色のブロックは，そのまま心の外に出してもなんら困ることはないでしょう。反対に黒色のブロックをそのまま出すことは，他者だけでなく自己にとっても良い結果を生みません。黒色のブロックは，小さくしたり角を取ったりして形を変えて，時には白で薄めて灰色にしたり，白と青を混ぜて水色にしたりして外に出します。怒りをそのまま出すのではなくいくぶんやわらげて出せるとよいでしょう。皆さんは，やわらげて出す表現をいくつくらいご存じですか。

　大事なことは，黒色のブロックも人間のこころの中にはあるもの，あってもよいことに気づくこと，白色黒色ともにこころの中に住まわせて（抱えて）いられるようになることです。両方のバランスがほどよくとれていることは，こころが健康であるといえます。これは，カウンセリ

ングや心理療法が目指すことのひとつです。ほかにも，目標とするいくつかの課題がありますが，順次紹介していきます。

　あなたは，今抱えている困ったことに対処する方法が見つからないと思ったり，たとえ**対処法**\*が考えられてもせいぜい1つぐらいだったりしていないでしょうか。それも実現できそうもないことだったり，考えがぐるぐると同じところを回ったりしていませんか。そんな問題に対してカウンセラーや治療者は，いろいろな角度から，あらゆる方法で対応を考えていきます。しだいに，今はまだ見えないトンネルの向こうが見えてくるはずです。

# **4** カウンセリングには，どんな効果がありますか

　カウンセリングのプロセス上，早い段階から期待できる効果としては，誰かに聴いてもらいたい，話したいと思っていることをとにかく話す，ということだけでもすっきりする感じ（**カタルシス**\*，**浄化作用**\*）が得られることです。

　中期から終期にかけて期待できる効果は以下のようなことです。

　1つ目は，悩みや迷いといった状態や心理的な問題，症状などがおさまったり軽くなったりといった**外的な問題**\*の解決や緩和です。その頃になると，いろいろ自分の身に起きていたことは，こういうからくりになっていたのだなということが，わかってくるでしょう（**洞察**\*）。自分の内面（**現実の自己**\*）がみえるようになると，こうでなくてならない（**理想の自己**\*）という堅さが取れてきます（**内的変化**\*）。これが，2つ目の効果です。仕上げは，あぁカウンセリングというものを受けてみてよかったなとか，自分には意味のあることだった（**カウンセリングとそのプロセスの理解**）などと振り返りながら，これからはカウンセリングで得たことを生かしながら，自分らしく生きていこう（**成長**\*，**成熟**\*）という効果があらわれます。

　いろいろ洞察ができるようになると，漠然とした不安を持ったり，ほんのわずかな刺激のたびに気分が落ち込むようなことが少なくなります（**情動の対処可能性**\*）。また，内的な変化を遂げることで，突然になにかの行動に走ってしまったり，なんらかの強い感情にこころが揺らされたりといったことから解放されます（**衝動のコントロール**\*）。悩みや

問題が起こらないというような人生はありませんが，そういったものに
ぶつかっても，そこからどうしていくとよいかを自分の力で考え，対処
していくことができるようになります。悩みや問題自体を，最小限に食
い止める工夫も出てくることでしょう。

　カウンセリングには，上記のような効果が認められます。それは，前
項でも書きましたように，カウンセラーや治療者と呼ばれる人が，さま
ざまな交流を通して，適切な技術で十分にクライエントをサポートして
いくからです。核家族化や単身生活など人々の生活様式が変わり，各家
庭内で，悩みや迷いの一端を見守る器が小さくなってしまっている現代
には，意義のある営為といえます。

# **5** 占いとは違うものですか

　はい，違うものです。全く異なるものです。心理療法と占いは異なる
ものです。不安で迷える人を対象にすることが多く，ことのなりゆきを
扱うということで似ているように感じるかもしれませんが，全く異なる
ものです。

　それでは，どこが違うかを明らかにしていきましょう。

　まず占いですが，占い師と称する人が，占象（筮竹，水晶玉，カード
など）に表れた形を手掛かりにして未来を予想します。「あなたの仕事
運は，この３年は良くないですね」とか「あなたは希望の高校に入れま
す，間違いない」という具合に，そこでは，あたかも未来が決まってい
るかのような定めが言い渡されます。その際，良いことを言われたり，
自分が望むことに近い推断であれば一時心持ちうれしくなり，反対に悪
い未来を伝えられたりすると，がっかり肩を落とすことにもなろうとい
うものです。ところがどうでしょう。占い師の予想はといえば，当たる
こともあるでしょうけれど，「なぁんだ仕事のほうは大丈夫だ」「希望し
た高校に受からなかった」と，はずれることも大いにあるのです。そこ
が，当たるも八卦当たらぬも八卦といわれるゆえんでしょう。

　他方，心理療法では未来は決定されません。未来は，あなたによるか
らです。主体は，他者ではなく門を叩いたあなた自身なのです。あなた
の手にゆだねられているといっても大袈裟なことではないでしょう。そ
して，カウンセラーは，あなたの伴走者です。仕事の道でも学校の道で
も，分け入って進めるように，足を取られたときには再び落ち着いて立

ち上がれるように，見守りながら一緒に歩んでいきます。

# 6 最近，カウンセリングという言葉をよく聞きますが，自分の人生には必要ないと思います

　現在，そのように考えておられるのでしたら，そのご意思を尊重したいと思います。カウンセリングを必要ないと考えている方に，無理に受けていただこうとは考えていませんし，無理に受けていただくものでもありません。それでも，あえてそのような話を筆者にしてくださるのは，どういうことなのかなと，しばしば首をひねっています。というのは，必要がない方でしたら，断りもいらないわけです。ご自身がわかっていれば，それで十分ですから。それなのに，あらためて否定の意思を伝えるということには，何か意味があるのかもしれないと考えることがあります。人間の耳というのは，よくしたもので，自分に関わりのあることというものは，ちゃんと意味のある言葉として聞こえ，不要なものは感知しないようにできています。よくパーティーの状況が引き合いに出されますが，自分のことや自分に関心のある話がされていると，少々離れた場所にいてもちゃんと聞き取ることができる（**カクテルパーティー効果**\*）というものです。カウンセリングに類する言葉が，耳に入るようでしたら，それはそのままにしておいて，しばらく普通に生活をされて，時々，ご自身の内なる声に耳を傾けられるとよいと思います。そして，何かのきっかけで必要性を感じられたら，たくさんの疑問を抱きながらお越しになる，ということではいかがですか。人生まだまだ途上でしょうから，決めてかからなくてもいいと思います。

# 7　なるべく自分の問題は自分で解決したいです

　それは大切なことだと思います。ご自身の問題に，ひとまず自分で取り組んでみる姿勢には意義があります。この世に起こるすべての問題をなんでもかんでもカウンセリングで解決する必要はないわけです。そんなことをしていたら，カウンセラーが何人いても足りることはありません。

　ご自身であれこれ策をめぐらせて考えてみても埒（らち）があかないようでしたら，エネルギーを使い果たすまえに，カウンセリングルームにいらしてみませんか。ご自身で解決を試みようとしたあなたでしたら，良いカウンセリングが期待できますし，きっと抱えている問題を乗り越えられる日もそう遠くないでしょう。

　ここで，カウンセリングの適応と限界についてお伝えしておきます。カウンセリングでは，ご相談にのれる問題とのれない問題があります。たとえば，資金繰りなど現実的なお金の工面や再建，就職先のあっせんなどは，適応外となります。お金を用立ててさしあげることはできませんし，職場を探してさしあげることもできません。そのような問題は法律家を訪れるべきでしょう。心理療法ではこんな形なら相談が可能です。たびたび懐具合も考えずに衝動買いをしてしまう。払いきれないほどのローン組んで自己破産してしまう自分を持て余している。どうにもコントロールができない。今後，同じことを繰り返さないようになんとかしたい。なかなか自分に合った職業や職場を見つけることができずに焦っている。どこの職場に就職しても長続きしないので困っている，などの

場合が適応です。つまり自己破産に関する処理や手続きは法律家が適応です。自己破産を繰り返す，その行為や傾向をなんとか改善したい，というときは心理療法家が適応となります。また，たとえば境界に関する隣家との紛争問題は，法律家の相談が適切です（心理療法の限界です）。他方，境界に限らず，隣家の樹木が気になる，生活音が気になる。腹立たしいので，よくわからないうちに訴訟を提起してしまう。他者からは何らの刺激もないのに，他者を懲らしめたいがために激情のうちに裁判を起こしてしまう。好訴症とも呼びます。後者のような場合は，心理療法が適応となります。

# 8 悩み事は，自分をよく知っている友人に相談した ほうがよいのではありませんか

　あなたが，ご自身のことをよく知っている友人に相談したほうがよい との考えでしたら，それが一番でしょう。「7. なるべく自分の問題は自 分で解決したいです」の項に記しましたが，なんでもかんでもカウンセ ラーである必要はないのです。

　友人に相談する良い点は十分ご承知であると思いますから，ここでは， カウンセラーならではの利点と友人間の相談で起こりがちなことを挙げ てみましょう。カウンセラーは，言葉の一つひとつにも神経をめぐらせ ていますから，相談者に対して不用意な言葉を投げかけることはありま せん。ですから，よく世間で言われるような言葉による傷つきは回避で きます。たとえ励ましであっても，言葉かけひとつでいろいろな取り方 がされるものです。

　カウンセラーは，自身の限界にも絶えず目を向けていますので，手に 余る問題をいたずらに抱え，事を大きくしてしまったり，こじらせるこ とはありません。自身の守備範囲を超える問題には，早めに適所につな いでいきます。それが，友人同士ですと，この見極めが鈍り，なんとか 自分の手で解決してあげたいとの親切心や欲求に動かされ，解決の糸口 や好機を逃してしまうことがあるようです。相談を持ちかけるほうも， 乗りかかった船を途中で降りるようではすまないと感じ，ついつい我慢 して添っていくことにもなります。寄り添い手を差し伸べながら，途中 から疲れてしまい，面倒になって手放してしまうこともよくみられるこ とです。これでは，本末転倒です。

　一般の方が相談を受けると，相談者に，とかくこうしたほうがいいと方向性を指し示します。そこでは，受け手側の価値観や指向性に基づいて行われることが多いものです。それが相談者の考えとほぼ同じである場合はよいのですが，そうでないときや全く異なるときは，そこに葛藤\*が生じます。せっかく相談にのってもらったのだから，言ったとおりにしないと悪いのではないか，という気兼ねが起こったりします。たしかに，言ったとおりにしないために機嫌を損ねられてしまったということもよく聞く話です。

　こういうことは，早めにわかりそうでありながらも，渦中では気づきにくいものです。「ここから先は自分で対処してみます」と切り出せるとよいのですが，言い出しにくいようです。

　また相談者とカウンセラーとの関係は，相談関係の終了とともに解消します。その後，ごくまれに街角で会うことがあったとしても，軽い会釈ぐらいは交わすことはあるかもしれませんが，昔の相談を蒸し返したりすることはありません。ところが，友人となると話は別です。「あなた，昔，こんなことで悩んでいたわよね」「君は，以前なにそれで考え込んでいたが，最近はもう考え込んだりするようなことはなくなったかね」という具合です。

　そういう心配のない友人であれば，安心して相談してみることが可能でしょう。

# Ⅱ カウンセリングを受けてみたい

# 9 強引に意見を押しつけられないかと心配です

　カウンセリングに対して，希望や期待もあるけれど，それと同じくらい不安や人によっては怖れすら感じることがあるでしょう。人は同時に2つの入り交じった気持ちを抱くことがありますし，その両方を行ったり来たりすることもままあることです。

　初めてカウンセリングを受けてみようと考える方は，不安な気持ちを持つことは当然のことかもしれません。

　「こうしたらいい」「こうすべき」などど言われ，なんだか強引に自分の考えを変えられやしないだろうか，などの心配もあるようです。通常のカウンセリングでは，まずカウンセラーの考えや意見を押しつけられるようなことはありません。批判されたり中傷されるようなこともありません。訪れる人の何人かは，むしろ他者からの，そういう押しつけで困っていることがあるのですから。むろん，考えを変えられるような心配も全くいりません。それというのも，主役（主体*）はあなただからです。

　よくアドバイスをしてほしいという方がみえますが，残念ながら基本的にはアドバイスをすることもありません。がっかりしますか。でも，それはなぜだと思いますか。ではここでAさん（30歳）を例にあげてみましょう。Aさんは英語の勉強に磨きをかけたいと考えました。そこで留学をしようか，それとも国内の大学院で勉強を進めようか，とあれこれ悩みます。ところがいくらひとりで考えてみても決心がつきません。そこで，カウンセラーにどちらに決めたらよいかアドバイスを受け

たいと思いました。

　さて，カウンセラーがAさんの友人のように気軽に「国内のほうが
いいと思う」などと答えてしまったら，さぁどういうことが起こるでし
ょう。国内で思いどおり順調にいけば，たまたまそれで良かったといえ
るかもしれません。ところが，そうでなかった場合，あの時カウンセラ
ーのアドバイスさえなければ留学のほうを選んだのに，もう取り返しが
つかない，などという気持ちが起こらないとは限らないのです。ですか
ら，気持ちの強さ（**動機づけ**＊），予算面，期間，目標，予想される達
成度などに十分に考えをめぐらせ検討することが必要になります。殊に，
気持ちの強さなどは，ひとりでは測りかねるもの。そこで，カウンセラ
ーに思いの丈を話してみて納得のいく決定をしてほしいと思います。

　カウンセラーは，あなたに湧き起こる感情や考えや行動を，ひとまず
ありのまま受け止め，そこから，必要に応じてあなたにわかりやすい形
で返していくスタイルで進めていきます。

　一点だけ補足しますと，クライエントの希望により，あるいは，カウ
ンセラー側から，「情報提供」がされることはあります。これは事実に
沿った情報をそのままお伝えすることを指します。

# 10 テレビの相談番組のように，何人ものカウンセラーから，いろいろ言われたりしませんか

　メディアの影響は強いものです。以前，声だけ，あるいはモザイクがけやシルエット姿の相談者が，ひとつの問題（困り事）を伝え，それに対し，人生の荒波を越えてきた（？）幾人もの出演者が，答えたり，解決策を打ち出したりするという番組を見かけました。実用か否かはさておき，感心するほどの多彩な意見が気ままに出され，時には，相談者などそっちのけで，出演者同士が熱く意見を交わし，合間にバランスよくコマーシャルが差し挟まれ，少し前の話題を繰り返したり，蒸し返したり。たいがいは番組が終わる頃には，一気に解決へといったストーリーが組まれていました。

　筆者などは，当初，あれでよく相談者は，消化不良を起こしたり混乱したりしないものだ，とかなり訝しんだり，不思議に思ったりしたものでした。しかし，どうもその必要はないようです。テレビなどは，ひとつのショーですから，人生の相談事といえども，多少はおもしろおかしくないとならないわけです。涙あり笑いありで盛り上がるようになっているようです。そうすれば，お茶の間の反応も良く，制作者やディレクターにとっては成功を勝ちとることになります。

　ところで，実際のカウンセリングの場ではどうでしょう。おそらくそんなことをしていたら，相談にみえる方はいなくなるでしょうし，そんなカウンセラーはいないはずです。周りでいろいろ言われて苦しんでいるからこそ，自分というものが見えなくなって困っているからこそ，足を運ばれるのでしょう。通常のカウンセリングでは，相談者とカウンセ

ラーの，1対1で行われます。ただ，**夫婦面接**\*や**家族面接**\*の場合は，相談者である夫婦に，カウンセラーが1人で応じる2対1のスタイルや，夫婦2人に対して，カウンセラー側も2人で応じる2対2のスタイルもあります。相談者の家族が訪れることにより，相談者本人と家族に対してカウンセラーが1人で行う場合，3対1や4対1になることもあります。カウンセリングを行っている同じ室内に，傍観者がいることはありませんし，相談者の数よりもカウンセラーの数のほうが勝るということもありません。さらに，これまでにもお伝えしたように，カウンセリングの場で，カウンセラーから意見というものが出されることはありません。意見には，その人の価値観が入ることが多いものです。カウンセラーの価値観は，カウンセリングそのものの要素には入りません。大事なことは，あなたの価値観です。

# 11 秘密は守ってもらえますか

　カウンセラーや治療者には，**守秘義務**\*といって，カウンセリングや治療の場で知り得たことをいっさい口外してはいけない決まりがあります。相談の場で話されたことは，外に漏れることはありません。秘密は守ることをお約束します。それは，義務だから守るのではなく，当然のわきまえであると思います。

　秘密を守ることになんら変わりはないのですが，例外もあるので伝えておきたいと思います。それは，あなたの身が（あるいは，あなたと関わりのある誰かの身が）生命の危険にさらされている時は，その限りではない，ということです。約束を守れないとか，そういうことではなくて，むしろそうすることが，あなたにとって最適であると判断するからです。たとえば，あなたから，生きていくことをやめる話が持ち出されたような時，あるいは，誰かの身体を傷つけるような話がされた時，それも，とても急ぐ話であるとしたら，黙って見過ごすわけにはいきません。そこには，あなたの利益を第一に考え，判断する必要が生じます。約束をほどかなければならない時です。

　普段はしっかり約束を守ります。そして，この守秘に関する話は，初回か早い時期に治療者から説明があるでしょう。

　本書の冒頭の「本書の表現について」（p. 22）で触れた臨床心理士，公認心理師においても次のような定めがあります。

**一般社団法人日本臨床心理士会倫理綱領**

　第2条　秘密保持

　　1　秘密保持

　　　　業務上知り得た対象者及び関係者の個人情報及び相談内容については，その内容が自他に危害を加える恐れがある場合又は法による定めがある場合を除き，守秘義務を第一とすること。

**公認心理師法**

　（秘密保持義務）

　第41条

　　公認心理師は，正当な理由がなく，その業務に関して知り得た人の秘密を漏らしてはならない。公認心理師でなくなった後においても，同様とする。

# 12 期間はどれくらいかかりますか

　ある問題が一段落するまで，あるいは，抱えている悩みが軽快するまでに，どれくらいの時間や期間が必要であるか，ということは当然気になることでしょう。

　しかし，現代の心理学に照らしてみても，それに答えるのはとても難しいことです。

　それが，あなたの望みの到達点までとなると，いっそう明確に出しにくいものです。

　カウンセリングでは，たしかに問題の解決という目標を目指すことはありますが，その途上で，ある問題を構成している小さなブロックの一つひとつに当たっていかなければならないことがよくみられ，その一つひとつに，相応な時間が必要になることもままあるわけです。たとえば，今の勤め先での問題を取り組むにあたって，その前の勤め先，そのまた前の勤め先での様子など，思い返していくことに意味があったりするわけです。なぜ，今，起きていることだけに着目することができないのか，という疑問を持たれることと思いますが，よくよく見ていくと，そこに何か共通のパターンが見えてきたりすることがあるからです。結果的には，小さなブロックを点検していくことが，近道になるわけです。

　またカウンセリングは，問題解決だけを目指すものではないので，そのテーマや掘り下げ具合によって，また，問題が起こってからの時間経過や来室される方の取り組み具合などによっても，必要な時間・期間は異なるものです。仮に，３カ月と明言されたとしても，３カ月で，あな

たの望むところに落ち着いていなければ不満でしょうし，こちらも３カ月経ったので，途上であるけれども終わりにしなければ，という具合には考えにくいことです。

　来談者がせっかくカウンセリングを受けようと思われたのですから，われわれはその気持ちを大切に考え，「ひとまず，３カ月やってみましょう」とか，「半年やってみて，そこで考えてみましょう」と提案します。それは，無責任な３カ月や半年という区切りではなくて，そこまでやってみて，なにか手応えを感じてもらえて共に進むとの要望があれば進めばよいし，なにかしっくりいかないことがあれば，その気持ちも尊重していきますよ，という姿勢です。また，心理療法は，必ずしも問題解決のみを目標としているわけではないので，クライエントが求めていた方向性が見えてきたということで，終結にすることもあります。さらにプロセスに少しまとまった時間が必要だな，と見立てれば，正直に「ある程度の年月は必要になります」とか「年単位で考えていただけるとよいです」と伝えると同時に，「それくらい時間をかけるほうが，のちのち良かったと思えるはずです」と期待できる予想を添えます。そこから先の選択はクライエント自身です。

# **13** 知らない人に心が開けるか，打ち明け話ができる かどうか心配です

　知らない人に話をする。しかも，道を聞いたり天候を語り合ったりという程度ではなく，自分を取り巻く話題，あるいは自分について話すとなると，いろいろ心配する気持ちが起きてきても不思議ではありません。では具体的には，どのような心配がありますか。よく聞かれることは，秘密が漏れないかということですが，それについては，前項（11. 秘密は守ってもらえますか）に記しましたので，一読してください。他にはどうですか。知らない人だけど，本当に親身になってもらえるか，という不安も聞かれます。身を乗り出すような，親切心が手に取って伝わるほどの親密な関係ではありませんけれど，訪れた相談者の問題をなんとかしてあげたいと，カウンセラーも懸命です。そういう意味では，十分親身になってさしあげられると思います。

　もともと，自分のことを人に伝えることが苦手な方や，話をすること自体，躊躇される方もいることでしょう。それでも心配はいりません。あなたが，その問題をなんとかしようと思っているかぎりは。少しずつ少しずつ話せることからお話しください。カウンセラーは，あなたの話のペースを大事にします。どうしても話すことが苦痛な方には，（その機関によって対応の可否はありますが）箱庭という道具を使う（**箱庭療法***），絵を描いてもらう（**絵画療法***）など，言葉を補う手段も利用して，来談者の苦痛を減らす工夫をしています。

# 14 どれくらい悩んだ時に行くとよいですか

　悩みがあると，たいていの人は，ひとまず自分で解決できないものかと，あれこれ試みたり考えたりするでしょう。もうそれだけで軽くなっていくようであればなによりです。ところが，悩みや問題の質によっては，いつもそのようにうまくいくとは限りません。

　カウンセリングを受けるに際して，これくらいという程度や基準はありませんが，あなたひとりでは手に負えない感じがした時は，適時といえるでしょう。この場合，手に負えないといっても，うーんと唸るほどになってから，ということではありません。考えて考えて苦しんだ末，というのでは，カウンセリングを受けるためのエネルギーも少なくなってしまいます。日常の生活をしていても，ふと考えてしまう，という状態もひとつの目安です。悩みや問題によって，生活に支障が出るようですと，つらさも増してしまいます。あとは，悩みを抱えはじめて，あまりにも時間が経ってしまうというのも考えものです。問題を整理したり，さかのぼっていく時間が余分に必要になったりするためです。ためらっている間があるくらいでしたら，一度ご相談くださいということです。

　また，相談にのってもらっている身近な人に限界を感じた時も，よいタイミングでしょう。その後の経過などを見ていると，心持ち早めくらいがいいように思います。

　さて逆説的な話ですが，カウンセリングルームに来室されるまで，自分なりに悩みに対処していた，ということは，あなたに自助（**セルフヘルプ\***）の力があるということなのです。成否はともかく，なんらかの

工夫ができていたのです。カウンセラーのほうからもお尋ねがあるとは思いますが，悩みや問題だけにとどまらず，それにはこうやって対処していたということも，どうぞ伝えてください。カウンセラーが，あなたを理解する支援をします。そして，その力は，いっそうあなたの助けになるはずです。

# 15　ひとりで行くのですか，ひとりで受けるのですか

　カウンセリングを受ける方の年齢にもよりますが，成人しているのであれば，ひとりでいらしてください。ただ，**予約**\*時や初めのうちは場に慣れていないということで，不安を持つ方もいらっしゃるでしょうから，どなたか安心できる方と一緒にいらしてもいいと思います。カウンセリングは，基本的には，ひとりで受けることになります。しかし，これも初回などは，型通りというわけにはいきません。親御さんと一緒にいらしていて，今後のために親御さんにも，お尋ねしておいたほうがよいとか，お話を聴かせていただいたほうがよいと判断したときには，相談者ご本人の了解を得て，同席していただくことがあります。

　なお，小さなお子さんの場合，かなりフレキシブルな対応が必要とされます。親御さんと離れることがとても難しいケースでは，親御さんには黒子に徹していただいて，同席していただくこともあります。子どもの年齢も考慮に入れますが，併せて言葉で進めるほうがいいか，遊びを通して進めるほうがいいかなどの選択も大切な要素となります。**プレイセラピー**\*といって，遊びを通して，子どもの抱えている課題を見極め，一歩一歩それを乗り越えられるように援助していく方法もあります。

　人は，お互いに助け合いながら生きてゆくものですが，人生は，自分が歩むものです。大切な自分の問題を考える場に，誰かがいて口出しなどされるようでは，楽な気持ちで臨むことが難しくなりそうです。そこまで踏み出されたあなたのこと，きっと勇気も出たことでしょう。どうぞひとりでおいでください。

# 16 性格は変えられるのですか，変わることは怖いです

　性格を変えることは可能でしょう。ただし，短期間にがらっと変えることができるかというと，それは無理なことですと申し上げておきましょう。カウンセリングは，なにか特別な魔法でも使って，性格や人格を変えるようなものではありません。あなたの現在の性格ができあがるまでには，それはそれは長い時間がかかっているはずです。その間，もともと持っている傾向（素質）に加えて，さまざまな外界からの刺激を受けたことでしょう。そうやってじっくり培われた性格が，短時日のうちに変わってしまうようなことがあっては大変です。

　では，性格を変えることが可能であるとしたら，それはどのようにして変わっていくのでしょう。人の性格は，いくつかの性向が組み合わさって構成されています。たとえば，「明るい」人では，くよくよしない，気軽，元気，行動的，など，いくつかの要素が明るいという表現で代表されていることがわかります。ところが，それ以外にも次のような要素を併せ持っていることに気づきます。くよくよしない代わりにほとんど自分のこころの内を見ないとか，気軽だけれど深い話に関わることは苦手であるとか，元気があることは良いとしても，病める人の気持ちはちょっとわかりにくい，などです。いかがですか。このように，性格のひとつを取りあげてみてもいくつかの側面がみられるものです。性格というものはシンプルではないのです。しかも，どの切り口からみても，きのうやきょう身についたものではないとなると，変わることが簡単なことではないことは明白でしょう。

　それでも，性格を変えることが可能というのは，その一面一面のどこかは，抱えている問題と強く関わりを持っていることがあるためです。その点に関して，共に検討していくことにより，悩みが軽減することがあります。気がつくと，わずかながら性格にも変化がもたらされている可能性があります。わずかながらも変わるということは，目を見張るようなことであると思います。変わることは，未知の自己でもありますので，怖さも伴うことでしょう。それでも，ひとりで挑むことではなくて，伴走者がいますので，しだいに怖さからも解放されるはずです。

## **17** 自分のことではあまり悩みませんが，人間関係で困っています

　はい，人間関係でお困りなのですね。ところで，人と人との関わりというのは，どういうものでしょうか。関わるというぐらいですから，どうも一方向だけのことではなさそうです。パソコンなど，機械相手の話なら，一方向というのもうなずけます。「前のパソコンは使い勝手が良かったけれど，今のはどうもね」という具合です。いかがですか。もうお気づきですね。人間と人間は，双方が関わり合うからこそ，無数のユニークな関係が生まれるのです。お互いは微妙に影響しあう関係です。テレビでも眺めているだけならともかく，自分だけを切り離した対人関係など存在しえないはずです。ですので，僕はわたしは，なんら問題を抱えないけれど，いつも他の人に悩まされるというのは，実は，筋が通っているようで，矛盾していることになります。この世には，いろいろな人がいますので，なかには，一方的に迷惑をかけっぱなしという人もいるかもしれませんが，それでも，どこかで，こちらからその迷惑を止めてもらうように，なにかを発信することはできるわけです。一方的な流れを止めることが可能です。

　このようなお尋ねで考えられることは，自分が与える影響に気づいていない，ということです。いつも他者から悩みを持ち込まれるように感じる方は，発想を変えて，悩みの一端は，もしかしたら自分にもあるのかもしれない，と考えてみてはいかがでしょうか。このような，自覚しにくい悩みの相談も可能です。「ひとごとながら困っている」という客観的なところからスタートしましょう。

# 18 悩んでいる本人は行きたくないと言っています

　こういうケースでは，いくつか確認しておきたいことがあります。その悩みで，とりわけ困っているのは本人であるのか，あるいは周りが振り回されて困っているのか。さらには，悩んでいることが，周りの人に理解できることであるのか，あるいは理解しがたいことであるのか。そのあたりの見極めは，今後の経過のうえでとても大事な問題になっていきます。

　自分の子どもや兄弟が困ったことになっていて，本人が来ることを拒んでいるときは，無理やり引っ張ってきても効果のほどが期待できませんから，とりあえずは，その状況を知らせにご家族の誰かがみえるということでよいと思います。家族から話を聴いて，カウンセラーは適切な判断を伝えると思います。十分に家族にも理解できる悩みである場合，当分の間は，家族の方が**面接**\*に通われるとよいでしょう。それまで，どう対応をしたらよいものかもわからなかったところへ，一緒に考えてくれる人ができると，少しずつ家族のほうにも余裕が出てくるものです。不思議なことに，家族が変わると本人も少しずつ変わっていきます。まずもって変化が現れます。その頃には，問題を抱えた本人も，まぁ一回ぐらい行ってみてもいいかなぁという気持ちになるものです。このようなことは，友人や会社のスタッフであっても同様です。友人や会社の人の場合，そう何回も代わりに面接を受けるということは考えられませんが，少なくとも１〜２回，相談にみえるだけでも対処の仕方（**対処法**\*）がつかめます。ただただ友人同士で困り果てたり，少なくとも，答えの

58

見つからない長い相談に困らされることはなくなるはずです。

　一方，家族や同僚にも理解できない問題である場合は，残念ながらカウンセラーにも理解（了解\*）が難しい問題であることが多いものです。ケースによって，薬の服用が有効であると判断したときは，適切な病院やクリニックをご紹介しますので，そこで状況をお話しください。なんらかの助けになる応答があると思います。その際，ご本人が強硬に拒むようでしたら，ご家族のみ相談に行くということでもよいでしょう。以降，ご本人の受診方法に関しては医師が一緒に考えてくれるはずですし，情報ももらえることでしょう。

# 19 子どもの学校のスクールカウンセラーに，学校で親が子どもの相談をしてもいいですか

　最近は，公立の小中学校を中心に**スクールカウンセラー**\*（**学校臨床心理士**\*とも呼ばれる）が配置されるようになりました。スクールカウンセラーは，主にその学校内の児童生徒を対象に置かれているものですが，時に担任による相談や親からの相談にも応じていると聞いています。

　ですから，親が子どもの相談をしてもよいわけです。相談を受けるにあたっては，お子さんにそのことを伝えるほうがよいでしょう。内緒にしておきたいという話がよく聞かれますが，本当は内緒にしておかないほうがよいのです。親御さんは学校に出向いて，何を話したいですか。また，何をお尋ねになりたいですか。なんらかの意向があるはずです。親御さんのどちらが行動したとしても，子どものことを前向きに考えていきたい，という姿勢ですので，隠さないほうがいいのです。親がカウンセラーと話をすることによって，様子や態度など目には見えないけれど，それまでとはなにか変わることがあります。それに伴い，硬化していた子の態度がしだいにやわらぐことがあるものです。子どもに，何を話してきたの？　と聞かれれば，話せる範囲で話してあげることも大切です。内緒にしておいて，ある日突然変わるという神業のようなことは，おそらく難しいでしょうから。「もうこれ以上，あなたの不登校を見過ごすことはできないのよ」などと，親として目指す方向を誠実に明確に知らせます。そこで，子どもと行き違いがあれば調整がはかれる可能性があります。

　一方，子どものほうが先にカウンセラーに相談に行っている場合，親

から，子どもはどんなことを話しているのか聞かせてほしい，ということを希望されることがありますが，カウンセラーは話の内容を漏らさないことにしています。自己を語る場を求めて，ようやくカウンセラーのもとを訪れたのに，自分の話したことが親に筒抜けでは，信頼する気持ちが揺らいでしまいます。親に話したいと思う気持ちになれば，きっと話してくれるでしょう。それまでは，見守っていてあげてほしいと思います。

　加えて，子ども側の希望により，カウンセラーと親・子との**合同面接**\*をすることはあります。行き違いや考え方の相違を，カウンセラーに守られながら語り合う場となります。

　また，同じ機関で親と子を，別々のカウンセラーが担当して，カウンセリングを進めていくことがあります。**併行面接**\*と呼びます。

　学校によっては，原則として対象は生徒としているところもあるようですから，詳細は各々お尋ねいただきたいと思います。

　また，近年，子どもたちの成長・発達に寄与するために，市区町村，保育所，保健センター（保健所），教育相談所，児童相談所などが連携して**子育て支援システム**\*や**家庭教育支援システム**\*が組まれています。関係機関にお尋ねのうえ，ご利用ください。

Ⅲ 求めるものはさまざまで

# 20 やすらぎが欲しいのです

　最近，やすらぎという言葉がよく聞かれるようになりました。それだけ，やすらぎを求める人が多いということなのかもしれません。また，われわれが生きている世界からやすらぎを得にくくなっているのかもしれませんし，やすらぎは，人によっては，たびたび補充しなければならないものなのかもしれません。音楽でも入浴剤でも，あらゆるものにやすらぎという表現が登場しています。そうなると，カウンセリングにもやすらぎを求める人が出てくることは当然のことといえるでしょう。

　では，カウンセリングは，やすらぎを与えるものであるか，ということが問われているのだと思いますが，カウンセリングでは，やすらぐこともあるでしょうが，それが唯一の目的ではないため，そうでないこともあるという答えになります。カウンセリングに，やすらぎだけを求めるとなると期待外れになることが予想されます。とりあえず，やすらげればいい，と考えられる方は，ほかのものを探していただいたほうが近道です。人一倍やすらぎを求めてやまない，自分の中にやすらぎを注ぎ込んでも注ぎ込んでもやすらがない，そんな苦しさを扱っていくことは，カウンセリングでしてさしあげられることです。

# 21 アドバイスをもらえますか

　アドバイスが欲しいですか。日頃，相談を受けていると，とかくアドバイスをください，という方が多いことに気づきます。そこで思わず「アドバイスが欲しいですか」とお尋ねしたくなるわけです。本書の別の項でも記しましたが，皆さん，本当にカウンセリングの場でアドバイスを求めているでしょうか。アドバイスは，助言，忠告という意味です。語感は英語のそれとは少し違う感じがします。

　では実際のカウンセリングの場で，われわれが助言や忠告をした際，あぁよかったと快く受け容れる方がどれくらいいるでしょう。なかには，ものごとを自分で決めることが困難という方がいないわけではありませんが，たいていの方は，それを望みません。人は，よく迷っているとか，どうしようとか言いながらも，こころの中では，こうなってほしいとかこうあればいい，という期待や希望を持っているものです。どちらかというと，カウンセリングを通して，その方向に同意や肯定をしてほしいと考えているようです。「この会社を辞めようかどうしようか」と相談を持ちかけるとき，その人のなかでは，ある程度，選択が決まっていることが多いようです。来談者が，そこで欲しいものは，辞めるか辞めないかの決裁ではなくて，辞める前の揺れる気持ちや，残るなり辞めた後のリスク・不安を軽減できれば，というところではないでしょうか。せっかく辞める決意をしているものを，「もう少しとどまったほうがいいですよ」と言われたところで，気持ちは苦しくなるばかりです。それでも，あなたはアドバイスが欲しいですか。

# 22 どんな仕事に就いたらよいかがわかりません

　そのわからなさを大切に考えていきましょう。わからないことというのは，とかくぼやけているものですが，こころの目を凝らして見ていくと，案外，見えることがあるものです。さぁ，わからないことながら探っていきましょう。まず，あなたにとって興味の持てることは何でしょう。興味の持てることがありますか。ある，という場合，それが職業に結びつくものですか。結びつきにくいものですか。結びつくもので，それを職業にしてもよい，と考える方は，今度は，適性をみていくことがひとつのステップになります。興味のあるものが職業に結びつきにくいものである場合，興味はひとまず置いておいて，新たな方向を開拓していくことになります。

　一方，自分は何に興味を抱いているのかわからない，思い浮かばない，という方は，職業興味テストのようなものを通して，ヒントを得て考えていくことも可能ですが，何かの手段を介さずに，話を通して考えてみることもできます。

　他方，学校は卒業したものの，働くことそのものに抵抗があったり前向きになれない気持ちを持っていたりするとしたら，その原点まで戻って考えていくほうがよいでしょう。学生さんを対象に相談を受けていますと，特に大学3年から4年生でみられることですが，親の期待に沿って，あるいは，それまで受け身できてしまったために，自分で職業を選ぶとなると強い不安にかられてしまう人がいます。また，小中高とひたすら勉強勉強と頑張ってきたため，就職の準備を始める頃には，すっか

り疲れ果ててしまい，無気力になり，それどころではなくなっている人
も見受けられます。その場合は，つらい気持ちを緩和したり，それまで
の生活をさかのぼって考えたりして，徐々に方向を定めていきます。

　いったん勤めた職場でうまくいかなかったために，仕事に対して自信
をなくし，適性がわからなくなった場合には，うまくいかなかったこと
を振り返ってみることで，新たな進路が見いだせることもあるものです。

　これらのどの段階であっても，カウンセリングは可能です。

# 23 上手に友人の相談にのれるようになるためのカウンセリングはありますか

　友人の相談をよく受けられるのでしょうか。友人の相談にのる姿勢は大切にしたいものです。しかし，「8. 悩み事は，自分をよく知っている友人に相談したほうがよいのではありませんか」の項でも記しましたように，一般の方では，聞き手の熱意は高いものの，気づかぬうちに，相談相手の意向とは異なる方向を強いてしまったり，よかれと思う言葉かけで傷つけてしまう，ということがあるようです。そのようなことを防ぐために，カウンセリングを受けてみることはいいことであると思います。できることなら，話せる範囲での具体例があるとよいでしょう。

　皆が皆，相談上手になることは難しいでしょうけれど，ちょっとした日常の出来事を身近な人に相談をしたり受けたりということが，気持ちよく行える社会になるといいと思います。基本的な聴く姿勢（**傾聴**＊）や話を持ちかけるタイミングやルールを，筆者は機会を見つけて話していきたいと考えています。

　たとえば，相手から相談を持ちかけられたときは，「途中で話の腰を折らずに，ひとまず最後まで聴く」ことや，「わたしは，僕はこうやって乗り越えたなど，相手に自分の経験を押しつけない」などです。あたりまえのことながら，なかなかできないことではありませんか。聞きたがり屋さんも困りますが，話したがり屋さんでも困りもの。どちらかというと，カウンセリングは，一生懸命に聴くことから始まります。

　また，相談にのってもらう側は，「今，いい？」「いつなら時間をとってもらえる？」という具合に，余裕がないなかでも，ひとこと相手を配

慮してあげられるとよいでしょう。良いスタートは良い結果を生むことでしょう。相談も，ひとつのコミュニケーションです。相談をしたことで，相談を受けたことで，さらに良い関係になれる可能性も秘めています。

　最近，学校の先生方が，熱心にこのような姿勢を学んでいます。これまで行き渡っているようでいて，実際はそうではなかったようです。

# **24** 心理テストを受けてみたいのですが

　なぜ，心理テストを受けてみたいという気持ちになったのかを教えてください。

　あなたの悩みの軽減に有効と思われる場合は，すぐに応じてもらえることもあります。しかし，興味があるとかなんとなくという理由では，希望に沿えないこともあるのです。ひとことで心理テストといっても，それを受けたことによる弊害（副作用のようなもの）も起こりうるからです。

　適切な教育を受けた治療者は，ちゃんとそのあたりのことも心得ているので，むやみやたらとテストを強いることもありません。必要な時期に必要なテストを行います。このあたりは雑誌に載っているようなお遊び気分とは，かなり違いがあります。

　また，テストを施行する際「はい，じゃあ，しましょう」「終わりました」では，良心的とはいえません。テストを受ける前，その日の気持ちを聞いてくれるなどの配慮があり，受けた後も，やはり結果をある程度説明してくれる治療者が望ましいでしょう。いったい結果はどうだったのですかと，他で受けた検査結果に関して来談者から聞かれることがあります。

　心理テストと呼ばれるものにはいろいろありますが，わりあい関心を持たれるものは自分の性格傾向をとらえる検査のようです。若い人は，星占いの感覚で性格検査をしてみたいと思うようです。

　さて，一般に**性格検査**\*，**心理テスト**\*，**心理検査**\*というと，ひとま

とめで考えられているようですが，人間のいろいろな面をとらえていく
ため，特性に応じていくつかの種類に分かれます。検査のやり方（**施行
法**＊），（検査）**技法**＊，結果の処理（**統計的処理法**＊），解釈法（**解釈**＊）
もそれぞれ異なります。代表的なものとして，あらかじめ決められた質
問項目に回答するもの（**質問紙法**＊）や深いこころの状態をとらえるも
の（**投影法**＊）などがあります。また，検査場面で一定の作業を行い，
その経過や結果からパーソナリティなどをみていく**作業検査**＊や，ある
活動領域に適しているかどうかを予測していく**適性検査**＊があります。

　性格検査以外の検査に，ひとりの人間の発達の状態をつかむ**発達検
査**＊，知的発達や知的能力をみていく**知能検査**＊などがあります。

　心理検査で忘れてはならないことは，ひとつのテストでパーソナリ
ティのすべてがわかるものではないということです。心理検査は，ひとつ
あるいはいくつかの検査を組み合わせて，そこに表されたものと来談者
の話を総合してカウンセリングや治療に役立てることを目的とするもの
です。

# **25** 催眠療法をしてほしいのですが

　心理の仕事を始めて，「催眠術をかけて悩みを取ってください」といった依頼を受けるようになりました。戸惑うことしきりではありますが，マスメディアでの報じられ方からすると，そのような話も無理のないことかもしれません。そうはいっても，俗に言う催眠術とこれからお伝えする**催眠療法**\*には，かなり隔たりがあると思うのです。

　催眠療法もいくつかの学派の流れのうちのひとつです。それは，注意の集中と暗示の手続きによって，心身を**トランス**\*と呼ばれる状態に導いて行われるものです。その基盤では，他の治療法と同様に面接を伴います。治療者とクライエントが，面接での治療関係を基礎にして，催眠誘導の手続きが進められます。つまり，催眠療法に入る前の準備段階に，時間をかけた面接を行うのです。

　このように催眠療法に関して，学問および臨床上の研究や一連の手続きは整っているものの，催眠現象をどのように理解するかについては，いろいろ課題が残されているフィールドであるともいえます。

　さらに，日常では経験しない独特な未知の経験をする療法なので，受ける側にも十分な理解や安心感が必要となるでしょう。少しでも疑問や戸惑いがあるときは，遠慮せずに治療者に尋ねてほしいものです。

　誤解を防ぐ意味で伝えたいことは，催眠療法は，何か特別な才能や能力の持ち主が行う神がかった呪術や魔術ではない，ということです。一連の手順に基づいて行う専門的な一技法です。

注）なお日本において，催眠療法を実施している機関は非常に少ないというのが現状です。催眠療法ではないながら，EMDR（Eye Movement Desensitization and Reprocessing：眼球運動による脱感作と再処理法）という治療法があります。PTSD（Post Traumatic Stress Disorder：心的外傷後ストレス障害）の治療において良い成績をあげています。

# Ⅳ 実現に向けて

# 26 カウンセリングルームは通いやすいところにあるのですか

　最近，都市部ではJRや私鉄沿線の駅の近くにも見かけるようになりましたので，そういう意味では，通いやすいところにあるといえます。しかし，郊外やそれ以外の地では，まだまだ交通の便のよいところにあるとはいえないと思います。

　学校に通うお子さんの問題についてであれば，その学校にスクールカウンセラーが配置されている場合，そのカウンセラーに相談する，という方法もあります。

　いずれは，カウンセリングルームが，多くの方に利用しやすい場に拡充する可能性があると思います。

　かつて筆者自らが一般の方を対象に行ったアンケートによると，法律相談室や消費者生活相談室のように，駅や駅ビルのデパートの中に相談室があるとよい，公共機関の中にあるとよい，という意見が多くみられました。

　カウンセリングルームの場所に関して，もうひとつ，よく尋ねられることがあります。「自分を知っている人がいないところがよい」ということです。それは，カウンセリングルームの中でも，行き帰りの途上でも，当てはめられます。長らく筆者のもとでカウンセリングを受けていた方が，遠くに引っ越すことになったとき，こういう話がありました。新たなカウンセリングルームの場所は，同じ市内ではなく，お隣か，お隣のさらにお隣，場合によっては隣の県になってもかまわない，というものです。「そんなに遠くになってしまって大丈夫ですか」と尋ねます

と，「えぇ，それくらい離れた場所でないと安心できません。そのカウンセリングルームの受付にご近所の方が勤めているかもしれないので」との答えが返ってきます。大都市のように人口が過密したところでは考えられないことですが，こぢんまりした地域では，それはそれでなおざりにできないことです。やはりデリケートなこころに関わることですし，人によっては普段見せない自己を表出する場でもあるので，当然のことといえるでしょう。

　一方，忙しく仕事に追われる方や，学校を休めないという方からは，職場や学校の近くにある相談室を紹介してほしい，との問い合わせを受けます。ご要望は，人それぞれといったところでしょうか。少しでも，皆さんが通いたいと思われるところにカウンセリングルームが増えることを祈っています。

　最近は，インターネットの情報が充実していますので，パソコンやスマホ・携帯電話からの検索もお試しください。

## **27** カウンセリングルームの中はどうなっているのですか

　それぞれの学派や，カウンセラーの考えによって，さまざまであるとは思いますが，一般的なスタイルをお伝えしましょう。

　部屋の広さは，広すぎず狭すぎずといった8畳から12畳といったところでしょうか。室内には，カウンセラーとクライエントが座るための椅子，あるいはソファが用意されています。また，その椅子やソファをはさんで，小さめのテーブルか，医療機関によっては，机が配置されています。カウンセラーはそのテーブルや机をはさんで真向かいに座る方法をとったり，テーブルのコーナーに対して，お互いに90度の角度に座る方法（**90度法**\*）をとったりします。前者は，机をはさんでカウンセラーの目の前にクライエントが座ることになり，目と目を合わす機会が多くなるので，人によっては抵抗があるかもしれません。しかし，心理検査をする際には，正面に必要なものを提示することができるので，やりやすいというメリットがあります。後者は，カウンセラーとクライエントの目線が絶えず合うということがないので，人によっては緊張感をやわらげる効果があるようです。

　ほかに，**箱庭療法**\*を行っているところでは，箱庭を作るときに使うかわいい小道具の棚が置かれているかもしれません。観葉植物ややさしい印象の花を飾っているところもあるようです。本棚に書物が並べてあるところもあります。そして室内にはカレンダーがあるはずです。カレンダーと時計は必需品です。全体の雰囲気は，カウンセリングの流れを遮ることのないよう，あたたかくシンプルなレイアウトをこころがけて

いるところが多いのではないでしょうか。室内環境は，治療の要素（**枠構造**\*）でもあります。

　さらに大切なこととしては，中で話していることが外まで聞こえないということです。また，カウンセリングを行っている最中に，ふいに誰かが入ってくるようなことがないように，扉に表示をするなど工夫をしたりします。なによりも安心感の持てる場で，じっくり相談をしていきたいもの。室内に関してたびたび気になるようなことがあれば，カウンセラーに伝えてみましょう。カウンセリングを受けるなかで，気になることを伝えていくことも意味のあることです。

# 28 どうやってカウンセリングルームやカウンセラーを探すのですか

　**臨床心理士**\*によってカウンセリングが行われている機関を載せた本が市販されています（日本臨床心理士会編：『臨床心理士に出会うには（第3版）』．創元社，2005）。一般社団法人日本臨床心理士会が運営する「臨床心理士に出会うには」というウェブサイトで探してみることもひとつの方法です。また，各県に設置されている精神保健福祉センターや，市区町村の保健センター（保健所）で教えてもらうことができます。神経科や心療内科を標榜している病院やクリニックには，カウンセリングルームを併設しているところがあります。ほかには，心理学科のある大学が相談室を学外に開放しているところもあるので，利用することができます。

　問い合わせの際，カウンセリングを受けたい理由や，さしあたって困っていることを簡潔に伝えると，より適切な機関の案内が得られるでしょう。

　めぼしい機関を見つけることができたら，電話をかけてみます。初めに電話に出る人は，受付担当や事務の人であることがあります。その場合，カウンセリングの専門的なことについて答えることはできませんが，受付方法や混み具合などを聞くことはできます。電話だけの申し込みでは心許ない方は，直接，相談機関まで足を運んでみるとよいでしょう。

　なお，申し込みは電話ではなくメールで受け付けるところがあったり，質問は電話やメールでなく手紙やＦＡＸなどの書面のみで受け付けるところがあったりしますので留意してください。

# **29** 費用はどれくらいかかりますか

　カウンセリングや心理療法に必要な料金*について記します。カウンセリングだけを主に行っているところでは，面接料金（面接料）とかカウンセリング料金（カウンセリング料）と表現しています。一方，医療機関では，健康保険以外で行っているカウンセリングや心理療法を，**自由診療\*とか自費診療\***と呼び，料金についても**診療費\*とか診療代\***と表現しています。なぜ，保険診療と自費診療の二本立てになっているのかというと，医療機関内で行われるすべてのことは，厚生労働省の決める保険点数というものであらかじめ金額が決められているからです。それが，現行のものは低く抑えられています。医療機関といえども，経営のことを抜きにして考えることはできませんので，努力をしてみても保険点数内で長い時間，相談にのることは難しいと考えるところは，自由診療をしています。自由診療により，1回のカウンセリングや心理療法のために時間を45分から1時間とたっぷりとることが可能になりますし，本来のカウンセリングの意味も出てきます。

　では，一般のカウンセリング料金や診療費ですが，現在では1回50分で5000円から1万円という設定がよくみられます。ずいぶん前の調査になりますが，溝口（1989），乾（1990）らの調査によると，1回50分で，2000〜2万5000円と幅があったとの報告があります。次項（30. 話をするだけでお金がいるのですか）も併せて読んでいただきたいのですが，日本は，まだまだ無形のものに代金を支払うという文化が浸透していませんので，この費用の話は理解が得にくいかもしれません。ここでひと

つだけ伝えておきたいことは，2000円は安くて2万5000円は高い，と
ひとくちにはいえないということです。

　では，このような料金の差ですが，地域差も関係しますし，なにより
も治療者の技量が反映されています。複数のスタッフがいる機関では，
経営者が決めたりスタッフ間で話し合いをして決めたりしますが，個人
開業のところでは，治療者自身が自己の技量に見合った料金設定をして
います。そこには，治療者の自己評価の問題も含まれます。初回面接に
赴き，この治療者ならば1万円を払ってでも治療を受けたいと思える方
は，1万円に意味があるのでしょう。

　医療機関[注1]において，医師から依頼（指示）を受けた臨床心理士が
カウンセリングや心理療法を行うときや，医師自らがそれを行う場合に，
健康保険を適用しているところがあります。その場合，医療機関や医師
もいるクリニックに限られます。面接の時間が20～30分と通常より短
くなることもあります。少し支払う額は高くなりますが，「標準型精神
分析療法」という国（厚生労働省）のくくりに当てはまる場合は，50分，
時間をとってもらえます。**健康保険適用の治療\*** に関しては，各機関に
より異なるので，直接尋ねてみてください。

　他方，公的機関や民間機関において，無料で相談に応じているところ
があります。公的機関では，その機関によって，18歳以上[注2]である場
合，1～2回あるいは短期間に限られることもあるようです。また公・
民問わず予約登録をしてから実際に面接を受けるまでいくらか待たなけ
ればならないことがあります。

　「こころ」も「身体のうち」です。心理療法やカウンセリングがすべ
て保険適用になったり，あらかじめ加入しておけば入院時に入院保険が
出るように，「心理療法やカウンセリング」に関する保険が商品となる
ことを切望しています。

注1）保険医療機関として，都道府県の保険課，あるいは社会保険管理課に届け出されて
　　　いるところ。
注2）幼児から高校3年生までは，各都市の公的機関（教育センター）などで無料で相談
　　　（継続相談も可能）に応じています。自治体により条件が異なるので，問い合わせて
　　　みてください。

# **30** 話をするだけでお金がいるのですか

　まだまだ，日本は無形のものにお金を支払う，という習慣が根づいていないようです。それでも，カウンセリングには，お金（料金*）が必要です。健康保険で対応しているごくわずかな医療機関を除いて，それなりのお金がかかります。そして，お金を支払うということ，それ自体に意味があります。

　ひとつには，カウンセリングを受けるに際して，それなりの対価を支払うことで，クライエント側が，カウンセリングをしていただいている，などというような引け目を感じたり，遠慮する気持ちを抱いたりしないためです。カウンセリングの時間を自分の時間であると感じることができます。そこではなんらかの不満や否定的な気持ちも出すことができます。代金を払うことで，専門的な技術による支援や提供を受けることは，人として，カウンセラーと同じ位置に立つことになります。同等ということです。

　また，たいていの人にとって，お金はとても大切なものでしょう。ですから，自分の悩みや問題を，その貴重なお金を使って受けることで，そうでない人よりも，その悩みに対して，積極的に取り組む姿勢が生まれるともいわれています。身銭を切る，という言葉もあるくらいですから，真剣にならざるを得ないでしょう。筆者は，きわめて低い設定の料金であったり，何か特別な事情で料金をいただかなかったりする方の場合に，たびたびのキャンセル，カウンセリングがなかなか進まない，といったことを経験しています。たびたびのキャンセルは，ご本人にも不

利益が生じますが，場合によると，そのコマ（**時間**\*，**枠**\*，**時間枠**\*，
**枠構造**\*）に他の方が入れない，という事態もままあることです。お金
の問題を考えることは，時間を大切にすることにもつながると思います。

　お尋ねの「話をするだけで」に関して申し上げれば，カウンセリング
は「ただ話をするだけではないもの」であることを断言したいと思いま
す。カウンセリングでは，専門的な技術や知識の提供も行われますが，
なにより，カウンセラーの心身そのものを精一杯，提供する場でもある
といえます。

　それでも，どうしても決められた料金が支払えない方は，ご希望され
る機関で相談してみてはいかがでしょう。一概にはいえませんが，なか
には，学生さんの場合や何かの事情によっては，策を講じてくれるとこ
ろもあるようです。機関によっては，非常に低い料金で頑張っていると
ころもあります。無理な注文には応じてもらえませんが，双方うまく話
がまとまれば，そのようなことも可能かもしれません，という話です。

　ところで，公的機関のような場でカウンセリングを受ける場合，費用
がかからないことがあります。ところが，それはよかったと手放しで喜
べる状況ではないかもしれません。費用はかからないけれど，先方（そ
の機関）の都合が優先されがちで，間隔が空きすぎたり，肝心の時に受
けることができなかったり，ということもあるようです。無料というこ
とで混みすぎてしまい，次の予約が取りづらいという話も聞きます。ど
のような機関を選ばれるかは，クライエントであるあなた次第ですが，
このような点も考慮に入れてみてはいかがでしょう。

# **31** カウンセラーであれば誰でもよいですか

　やはり，相性というものはあるように思います。始めてまもない頃に感じる相性の悪さは，純粋に相性の問題として，感じたとおり当たっているのかもしれません。カウンセラーに正直な気持ちを伝えてみましょう。カウンセリングが進んだ頃にそのように感じるようであれば，単に相性の問題とばかりはいえないと思います。なぜ，ここに来て相性のことが気になり始めたのか，面接の話題にできるとよいでしょう。何かが見えてくるように思います。

　また，どうも異性には安心して自分を出せない，というようであれば同性のカウンセラーのほうがよいかもしれません。とはいっても，それがウィークポイントであると自覚されている方が，偶然，異性のカウンセラーにあたったら，自然に任せて，問題を感じた時点で話題にのせていくほうがよいかもしれません。思わぬことが発見できるかもしれません。

　ここで年齢差についてもふれておきましょう。ある程度，歳を重ねた方が，「社会経験の少ない若いカウンセラーに，自分のことがわかってもらえるはずがないのでいやです」と抵抗を示される場合がよくあります。

　しかし，その心配はいりません。「社会経験＝良いカウンセラー」とは限らないからです。年配の人であっても，話のわからない人がたくさんいるように，多くのカウンセラーは，聴くこと，問題を整理することなど，適切なカウンセリングをするためのトレーニングを積んでいます。

ですから，年齢差のことはあまり気にしなくても大丈夫ですが，たとえ
ば，60代の方が，大学を卒業してまもない22，23歳のカウンセラーに
あたってしまい，苦痛が大きいようであれば，もう少し歳の隔たりが少
ない方に替わるほうが賢明かもしれません。

# 32 いろいろな学派があると聞きました

　よく，「夢判断をしてほしい」という希望を伝えられることがあります
が，たとえば，フロイト派の治療者とユング派の治療者の双方に夢判
断を依頼すると，解釈が微妙に異なったりします。

　それは，どうしてでしょうか。実は，治療者はなんらかの姿勢（拠っ
て立つ理論）や**治療法**\*を持って治療を進めています。そこには，ト
レーニングの過程や環境，治療者自身の指向する理論・方法論などが反映
されます。フロイトを基盤にトレーニングを積んだ者は，フロイト流の
解釈を行います。

　では**学派**\*についてですが，たしかにいろいろな学派があります。学
派は発案者や後続の研究者による，その理論や方法論の近似性や違いに
よってもたらされたひとつのくくりです。そういったくくりや，生み出
される理論は時代によって微妙に変わることになります。それぞれの学
派は，その理論を治療方法に反映させていて，○△療法という呼び方を
します。理論によりそのプロセスや治療目標に違いがあります。

　現在では，**精神分析療法**\*，**行動療法**\*，**認知行動療法**\*，**認知療法**\*，
**時間制限心理療法**\*（**短期力動精神療法**\*），**クライエント中心療法**\*，
**家族療法**\*など多くの治療法があります。「69. 学派による終結の違い」
でも，上記のうち，精神分析療法，行動療法，時間制限心理療法，クラ
イエント中心療法について記していますので参考にしてください。

　ところで，はじめに学派による解釈の違いを伝えましたが，治療者に
よっては，きわめて忠実に，その学派に沿った治療法を実践している人

もいれば，いくつかの方法をほどよく織り込ませた**折衷派**\*の人もいて，さまざまです。来談者の側から治療法を希望されることもありますし，この症状にはこの治療法が良いといった考え方もありますが，あえて学派の特定などしなくても，治療を受けることは可能です。さらにいえば，現在の日本では，いまだ十分に学派の特定ができるところまで，個々人の姿勢や情報が整理される機構でない，というのが本当のところであると思います。

　各々の学派や治療法に関しては，市販の心理学書を参考にされるか，治療者に直接尋ねてみてください。本を選ぶときは，初学者向けに，わかりやすく書かれたものをお勧めします。理論背景や学派の流れ，さらに現代の傾向はかなり入りくんでいます。

# 33 クライエントって何のことですか

　最近，このクライエントという言葉は，カウンセリングという表現と併せて，さまざまな業界で使われています。本来クライエントは顧客という意味です。

　われわれは，相談を受けるために訪れる人を，**クライエント**＊（client）と呼んでいます。カウンセラー，セラピスト，治療者のようなひとつの役割名でもあります。生きていくうえでなんらかの問題を抱え，専門家などの援助を必要とする人をクライエントと呼んでいます。

　カウンセリング辞典（國分康孝編：『カウンセリング辞典』，誠信書房，2000）には，「患者（patient）といわないところにカウンセリングの哲学がある。すなわち，治療する人間，治療される人間というとらえ方でなく，お互いに人間として仲間であり同格であるという思想が患者といわずクライエントと言わしめている」と書かれています。たしかに，人間としては同格であると思います。この考え方に賛同できます。

　ここで，わずかながら誤解を生じないために，治療という言葉に関して，ひとつの考え方を述べたいと思います。カウンセリングは援助行為のひとつです。そして，抱えている問題の整理や対処のような点では，援助の範囲で十分でしょう。しかし，苦痛な症状の除去ということになると，援助の範囲の対応では追いつかず，やはりより健康な状態に戻れるように治すこと（治るの語源は，元のとおりになること），治療が必要になると思います。実際に，カウンセリングの場において，治療という表現が適切と思われることがよくあります。本書でも，必要に応じて

治療という言葉を使っています。

　ですから，ここでの治療という表現は，上位から，あるいは一方的になんらかの力を発揮する人，その力を受ける人というようなとらえ方はしません，ということです。昨今は，医療の場において患者に対する姿勢が見直されています。たとえば，病気は診るが人そのものを見ないという態度ではいけないといった考えです。カウンセリングでは，問題や症状といった狭い部分だけに焦点をあてるのではなく，クライエントという人間を全人的にとらえていきます。カウンセリングにおいて，人として対等であるところから始めましょう，という姿勢は好ましいことであると思います。

　では，これから相談にみえる方をクライエントと表します。

# **34** 始 め 時

　ある問題や症状に対して，はじめは誰しも自分自身での解決や軽減を試みます。それも苦しいとなると，身近で信頼できる人に相談するかもしれません。相談に適切に応じてもらい，良い方向に進むようであればほっとされることでしょう。しかし，いつもうまくいくという保証はありません。身近な人では限界ということもあるでしょう。カウンセリングの好機としては，ひとまず自分の手に負えなくなった時であり，カウンセリングを受けてみようと考えた時です。これは，ひとつの始め時，ためらわずにいらしてください。

　ところで，たとえば，上司や同僚のことも悩みだけれど，海外旅行にも行きたいし，今はダンスのレッスンが一番の関心事という方がいます。あるいは，前々から一度はカウンセリングを受けたいと思っているけれど，もう少し仕事が暇になったら，と先延ばしにされている方がいます。海外旅行やダンスのレッスンも決して悪くはないですが，そのために，たびたびカウンセリングがお休み続きになるようであれば，今はそのやりたいことに専念していたほうがよいでしょう。熱の入るものがほかにあって，お休み続きでは，正直に言うとカウンセラー側も熱が入りづらくなってしまうものです。また，後者の例では，なかなか適時は訪れないかもしれません。仕事の忙閑よりも，**抵抗**\*の高さが推測されるからです。

　カウンセリングは，ある一定期間リズムを刻むように続けることで効果を生みます。

　いざ，カウンセリングを受けることを決心するまでには，いろいろな抵抗があることとは思います。それでも，あなたにとって，カウンセリングの優先順位が1番に近くなった時は，なによりの始め時。始める時の気持ちの高さ（**動機づけ**\*）は，その後の治療の成果に少なからず影響を及ぼすものです。できることなら，ホットな気持ちの時にいらしてください。

V 初めての面接から軌道にのるまで

# 35 さぁ申し込みです

　希望する機関に出向いたり電話をしたりして，わからないことを聞いて，納得ができたらカウンセリングの予約を入れます。予約は電話で受け付けているところが多い現況です。これが，一般の申し込みにあたります。その後のカウンセリングも，予約のスタイルをとっています。

　さて，カウンセラーは，カウンセリングのことを**面接***と呼んでいます。特に呼び方が問題になることはありませんが，申し込みの時，「面接はいつをご希望されますか」などと聞かれることもあると思いますので，覚えておかれるとよいでしょう。面接と聞くと，ついつい就職などの面接をイメージする方も多いようですが，それとは全く別のものです。あなたの都合の良い時間と，先方の機関の空き具合や受け容れ状況がうまく合えば予約は完了です。

　このように予約が入ると，カウンセラーは，初めての面接（初回面接）の準備をします。相談機関を訪れてパンフレットをもらったり，受付の人に二，三の質問をしたり，その場の雰囲気を確かめるだけであれば費用はかかりませんが，面接には費用がかかります。

# 36 初回面接

　初回面接は，**インテーク面接**\*，**受理面接**と呼ばれることもあります。本来のカウンセリングのようにクライエントの話を聴くということより，若干お尋ねすることが多い面接になるかと思います。それは，相談に来室・来院された方が，どのような問題を抱えていて，それに対してどのような援助が最適であるかを，考えたり見極めたりする機会であるからです。

　この時点で，カウンセリングよりも医療機関を受診されたほうが症状の軽快が見込まれるなど，他機関を優先したほうがよいと思われる場合は，クライエントに率直に伝えますので考えてみてください。また，このように伝えてくれる治療者であるとしたら，とても信頼できますし，理由もわかりやすく話してくれるはずです。他機関については，案内にとどまらず紹介ということも行っていますので，ご希望をお聞かせください。

　初回面接かその後の1，2回の間に，今後の治療に役立てるための心理検査をするところがあります。心理検査に関しては，その目的ややり方など，前もって十分な説明をしますから心配はいりません。

　なお，この初回面接は，初回面接者（**インテーク面接者**，**インテーカー**\*とも呼ぶ）が担当して，その後の継続面接のカウンセラーとは異なることがあります。初回面接者は，クライエントに適切なカウンセラーを選任するために熟練したカウンセラーが担当することがあります。安心して，悩みや問題を話していただける場です。

# 37 いくつかの約束

カウンセリングを始めるにあたって，クライエントであるあなたは，初回面接かそのあとの1，2回の面接で，カウンセリングを受けようと思ったきっかけや問題，いきさつについて伝えます。治療者からは，カウンセリングの必要性や目標などと，これからの治療過程の説明があります。その説明には，治療者とクライエントとの間で取り交わすいくつかの約束事（**契約**\*，**治療契約**\*）も含まれます。

このように，クライエントに説明をしたり約束事を伝えたりして，双方がうなずけるものであるかどうかを検討し，取り決めることを治療契約あるいは契約と呼びます。契約とか約束といっても，何か苦しいことを強いるものではなく，来談者にカウンセリングが有効なものとなるように，またあとから，基本的なところで行き違いなどが起こらないようにするために，最初に話し合っておくものです。契約は，クライエントを守るものでもあります。

この契約は，**時間**\*，**頻度**\*，**期間**\*，**場所**\*，**料金**\*などが対象になります。このうち，しっかりとした契約にしておくものと，ゆるやかな契約にしておくものがあります。ほかに項目を加えることもあります。また，医療の場や学校の相談室など，環境によって履行が難しい項目もあります。たとえば，学校の相談室は，長い休暇のため面接の間隔が不規則になることがあります。それらを踏まえて，双方で話し合っておきます。

なお，通常は口頭で確認しあいます（諾成契約）が，必要に応じて書

面を取り交わすこと（書面契約，要物契約）もあります。

では，具体的な契約内容を見ていきましょう。

## a. 時間

　一般的には，45分ないし50分，あるいは1時間です。特にこの時間に決められているというものではありません。治療者とクライエントの双方が合意に達するのであれば，それ相応の時間設定がなされてもよいと思います。医療機関で，保険診療を実施しているところでは，20分ないし30分という時間設定もよく聞かれます。

　大切なことは，一度決めた1回の時間設定は，よほどのことがないかぎり変えずに進めることであり，そのことに意味を持つ，ということです。

　世間話でもたまに会う友人同士の話でもありませんから，45分から1時間が長すぎず短すぎず，落ち着いて話ができるちょうどいい時間であると思います。

## b. 頻度

　面接の頻度も一定の間隔が保たれます。はじめは，1週間に1回で進められることが多いと思います。1週間に1回が，ほどよいリズムとなった頃に，2週間に1回と面接の間隔をあけてみます。問題がなければ，しばらくはそのペースで進め，仕上げに向かいます。あとは，治療者とも相談をして，1カ月に1回のフォローアップ面接で終結へと向かっていけるとよいです。終わりの時期（**終結期**\*）は，面接の間隔をあけないで，この日までにしましょう，と期間を限定していく方法もあります（詳細は，「Ⅶ. 終わり時」をご覧ください）。

　さて，いったんは2週間に1回にしたけれど，それでは問題の対処が

間に合わないというときは，率直にカウンセラーに伝えてください。治療者のほうでも，2週間に1回にするのがまだ早いと考えたときには，再び1週間に1回に戻していきます。そのあたりは，状況に応じてフレキシブルに考えていきますので，厳密に考えなくても大丈夫です。

　むしろ，問題となるのは，1週に1回を希望したのに，キャンセル続きになってしまったり，1週に1回にしたり2週に1回にしたりと定まらない場合です。

### c. 期間

　はじめの時点で，期間のメドを立てることは非常に難しいことですので，できるだけゆとりをもって臨んでほしいところです。それは，問題を抱えてからどれくらい時間が経過しているかということや，その問題の質や目標によっても異なるからです。治療者は，「とりあえず3カ月いらっしゃいませんか」とか，「半年くらいやってみましょう」と伝えて，目安をつけた時点で見直しをしていく方法をとることがあります。

　どうしても一定の期間内でということであれば，扱う内容や目標によって応じる場合もあります。他方，12回でひとまず完結させる「短期力動精神療法」という方法がありますが，これは単に期間を短くしたものではなく，ある特色を持った治療法ですので，適応するか否かを検討する必要があります。併せて，この方法を採用している治療者はかなり少ない，というのが現状です。

### d. 場所

　面接日には，受付を通るのか，それとも直接カウンセリングを行う部屋に向かうのか，また，どの機関のどの部屋で行うかに関することです。いつも決められた部屋で進められることが望ましいのですが，施設の状

況により，毎回決まった部屋で行えないこともあります。その場合は，来談者に，その旨を伝えて了解を得ます。

### e. 費用

「29. 費用はどれくらいかかりますか」の項目をご覧ください。

# 38 出会い

　説明や同意を含めた初回面接（**インテーク面接***）を終えると，クライエントに適したカウンセラーあるいは治療者が決められ，新たな出会いの機会を得ます。機関によっては，インテーク時のカウンセラーがその後も担当することがあります。そうであっても，新たな出会いであることにちがいはありません。

　出会いには，不安はつきものですが期待もあるでしょう。お互いに挨（あい）拶（さつ）を交わし，名前を伝え合ってスタートを切ります。この治療者に，自分の悩みや気持ちをどれくらいわかってもらえるだろうか。相性はどうだろうか。早くよくなりたい。解決を目指したいなど，それこそ入り交じった気持ちを抱いていることでしょう。

　そのことを治療者は，十分に心得ていますので，何か尋ねたいことがあれば，ぜひお尋ねください。これからしばらくの間，クライエントである，あなたと共に歩んでいきます。先走ったり，あなたを見失うことがないように，こころを配っていきたいと思います。

# 39 軌道にのせる

　初回面接に臨み，いくつかの約束を交わして，あなたのカウンセリングが始まりました。週に１回，朝一番にされた方，午後のひとときを充てた方，２週に１回，会社の休みに通う方などスタイルはいろいろでしょう。カウンセリングに意識が向いて，あれこれ頭の中でイメージをされても，申し込みに至るまでには，ある程度の時間が必要だったのではありませんか。

　それなのに思いのほか，始まってしまうと，早く変化を，早く結果を，と急いてはいませんか。そのような気持ちはわからないでもありません。とはいえ，カウンセリングの場で対象としている問題も，あなたの性格や環境も，１日や２日で作り上げられたものではないでしょう。さまざまなことが合わさったり重なったりした末，形となって現れてきたのではありませんか。そのような営みの集積を，短時間で望む結果に，ということはなかなか難しいことです。促成栽培，という具合にはいかないのですね。一歩，一歩，ゆっくりではあるけれど変わっていくそのプロセスも，またカウンセリングなのです。

　上手に軌道にのせるコツは，わからないことがあればカウンセリングのなかで聞くことができて，場に慣れて，なによりもカウンセリングが，普段の生活のなかのひとつのリズムになることです。

　一方，その時期の治療者はといえば，どのように対応してさしあげれば最善であるかを，クライエントに応じて懸命に考えています。焦らないで歩んでいけるといいですね。

# **40** 始めた頃にこんなことが

　フロイト派・ユング派であれ，他の派であれ，夢を見る機会が多くなるようです。それも印象深い，表象的な夢を。「夢は睡眠を保護する」（土居）とさえいわれ，誰でも，睡眠中のところどころで夢を見ているのですが，カウンセリングを始めたことによって，それまで心の奥底に押し込んでいた無意識の箱の蓋が少しゆるんで，夢を覚えていられるようになったりします。夢の内容は人によってさまざまです。カウンセリングを終えた頃のあなたかもしれないし，これから辿る道の途中かもしれません。メルクマールのこともあります。

　あるクライエントは，こんな夢を報告してくれました。でこぼこ道を大きなバスに乗って揺られています。バスは自分の降りる停留所とは違う道の方にどんどん進んでいきます。運転手に大きな声で叫んでも，ちっとも聞こえない様子です。周りの乗客に話しかけても自分の言葉が全く通じません。すっかり困り果てて道の途上でバスを降りると，そこに年老いたお爺さんが腰掛けていて，木の棒で地面に何やら描いています。しばらくそれを眺めていましたが，試しにそこに描かれた図のとおりに歩いてみると，ようやく目的地に辿り着くことができました。

　クライエントが見たもうひとつの夢です。運転免許証を持ってはいない人なのですが，車を運転しています。市街地ですが，行き交う車は少なめです。カーブでは大きくハンドルを切ってしまい，危なっかしくはありますが，なんとか車を進めることができます。夢の中でも，不思議な感じを持って運転しています。

　さぁいかがですか。この２つの夢からどんなサインが読みとれますか？　１つ目の夢は，まさしくカウンセリングを始めてまもない頃の夢です。なんだか進む道も周りの人間も頼りにならない不安な感じがよく表れていますね。それに比べて，２つ目の夢はどうですか？　現実生活では免許を持っていない人が，たどたどしい状況ながら自分で運転しています。この夢は中盤をやや越えた頃に見た夢です。運転席に座っているのがご本人であることは，なかなか頼もしいことです。人によってはこの頃はまだ助手席であったりします。運転席に自分で座って，いよいよ主体的に動けるようになったことを反映しているおもしろい例です。

　先ほど，無意識の蓋が少しゆるむことをお伝えしましたが，脅かすわけではないのですけれど，カウンセリングを始めると，軽い怪我をしたり，ちょっとしたアクシデントに遭遇することがあります。それまで経験をしてきていない自分の内側に気持ちが向けられるために，そういうことが起こるのではないかといわれています。また，そのようなちょっとしたアクシデントによって，変化への踏んぎりがついて，事態は良い展開となっていくこともあるようです。

　さらに，今まで堅くなっていた心がほぐれ始めると，ほぐれた心は周りの家族にも少なからず影響を及ぼしていきます。みんなが微熱気味というか，ちょうど茹でたまごを茹でているときのように，お互いがちょんちょんとぶつかり合って，身の置き場を変えていくかのようです。そして，卵の中身もゆっくりではありますが，固まっていくはずです。

# 41 どうも相性が良くないようです

　初回面接や始めた頃に，相性が合わないように感じて，カウンセリングが苦痛であれば率直に伝えてみましょう。なお，初回面接者（インテーカー*）は，インテーカーとしての役割だけで，その後の継続面接は受け持たないこともありますので，ご留意ください。

　さて，初期の頃，クライエントの相性の問題がカウンセラーにも了解されたとき，（その機関に他のスタッフがいれば）替わってもらうことが可能なこともあります。スタッフが複数いないときや時間枠*の調整がとれないときは，クライエントが他機関に移ることになります。

　「36．初回面接」の項を参考にしていただきたいのですが，初回や最初期の頃，カウンセラー側が十分に力を発揮できないと考えたときは，他のスタッフや他の機関に紹介することがありますし，その時点ではカウンセリングより医療機関を受診されたほうが症状の軽快が見込まれるときは，その旨を伝えますので考えてみてください。その際，不安な気持ちなども話していただければ，できるかぎりサポートしていきます。

　相性の問題は，そうにちがいないと決めつけてしまう前に，十分に検討するとよいでしょう。ある人への感情が他の人へ向けられる転移*というこころの動きで起きていることがあります。その場合，その転移感情に目を向けていくことが大切です。「なんだかお母さんと話しているような気がして，いやだった」など，その時に感じたことがあれば話してください。それをすることなく，カウンセラーを替えていくと，何人ものカウンセラーを渡り歩くことになりかねません。

# 42 カウンセリング依存が心配です

　いったんカウンセリングを始めて，カウンセリングに慣れてしまうことで，一生，治療者からあるいはカウンセリングの場から，離れられなくなるのではないかと心配する方がいます。たしかに，普段の人間関係とは異なり，あなたの気持ちをそのまま受け容れてもらえる場ですし，**退行**\*といって，実際の年齢（**生活年齢**\*）よりも，気持ちの年齢（**精神年齢**\*）が，いくらか低くなる現象も起こる場でもあります。それは，カウンセリングを有効に機能させるために意味のあるものでもあるのです。

　とはいえ，受容や退行が際限なく進むようでは，本来の機能から逸脱することになります。そこで，役に立つものとして**枠構造**\*があります。面接の**時間**\*，**頻度**\*，**場所**\*などを，あらかじめ設定して進めるものです。「カウンセリングでは，この話とこの話をしよう」とか「子ども返りもこのくらい」という具合に枠構造が無理なくクライエントを守っているのです。

　この枠構造にのって進めるかぎり，カウンセリングなしでは生きられなくなるのではないかという心配から，クライエントを守っていきます。それでもなお心配な方は，依存のことも話題にのせるとよいでしょう。

## 43 姉もここでカウンセリングを受けたいと言っています

　仮に，あなたが2人姉妹の妹であるとしましょう。その妹であるあなたが，先にカウンセリングを受け始めて，あなたは家の中でとりたてて何も言わないけれど，なにか変わってこられたところがあるとします。それも，おそらく良い方に。そのようなとき，お姉さんが，あなたから何かを感じとって，わたしも，そのカウンセリングというものを受けてみたいわ，という気持ちになったのかもしれません。もしそうだとしても，なにも不思議なことはありません。前々から，お姉さん自身，何か問題を感じていたり，問題意識とまではいかなくても，なんとなく変わりたい，変われたら，と思っていたとしたらなおのことです。

　さてそこで，妹が受けているところでカウンセリングを受けてみたい，と伝えられたら，妹であるあなたは，よく考えてみることが大切です。カウンセリングでは，はじめに全く血縁のない人の話からスタートしたとしても，その過程で，家族の話へと波及してくることがよくあります。むしろ家族の話が全く出ないほうが少ないくらいです。2人の家族成員に同じ治療者が関わるということになると，当然，2人に共通の話題が出ることが予想されます。そうなると，治療者は治療を進めるうえで，どちらの話にウエイトを置くかなどについて困惑しますし，姉妹の双方は，そこで展開されることが絶えず気がかりになるでしょう。法律相談でも，最初に夫からの離婚に関する相談を受任したら，新たに，当該夫の妻からの当該離婚相談は受任しないルールになっています。その問題や紛争が収束しても，先の契約が生き続けます。

　同じ治療者に兄弟や親子，あるいは夫婦がカウンセリングを受けるということは，利点よりも弊害のほうが大きいように思います。ただし，夫婦が同時に受ける**夫婦面接**\*や**家族面接**\*は例外です。

　では，このように同じ機関を希望される場合，その機関にどれくらいのスタッフがいるか，ということが，ひとつの判断材料になってきます。妹であるあなたがかかっているカウンセラー以外にもスタッフがいるようでしたら，お姉さんは別のスタッフに担当してもらうとよいのです。マイナス要因を減らすことができます。おそらくスタッフが多いところでは，そのようなことも可能でしょう。

　それでも，お姉さんが，ひとりの人間として，新しい自分に変わりたいのであれば，カウンセリングルームをお姉さんが新たに探してみられるプロセスも，良い治療結果を生む一歩となるはずです。姉妹であってもそれぞれの人生ですし，その歩み方も異なってよいのです。

## **44** 家族（親，夫・妻など）に話す？ それとも内緒にしておく？

　本当は，家族の応援もあって相談にいらしてもらえることがベターですが，そうはいっても，問題のネックが家族であったりもするのですから，なかなか難しいことです。

　もしも，あなたがまだ未成年であったら，やはり，親（あるいは養育者）の同意を得ていただきます。一方，20歳を過ぎた成人であって，費用の面など自分で責任が持てるようであれば，自分で決めて，始めてもいいかもしれません。しばらく経って，ちょっぴり変わったあなたを見て，「最近，少し前の○○ちゃんとは違うように見えるけれど，何かあったの？」と家族の方が尋ねてくれて，思いのほか，気楽な気持ちで受けているカウンセリングについて，話せる機会が訪れるかもしれません。

　始めるときも，あなたが真剣な姿勢であれば，わりあい家族も賛成してくれる確率が高いと思います。

　一方，家族（家族の中の1人か2人）にもいらしてもらって，一緒に考えていったほうがよいと判断されたときは，カウンセラーのほうから，「そういう機会を持ちたいのですが，いかがですか」と尋ねられると思います。そこで納得がいったらその家族にお願いしてみましょう。

　反対に，家族あるいは誰かをカウンセリングの場に連れていきたい気持ちになったときにも知らせてください。いらしてもらったほうがよいと判断されたときには，「では，いついつに」と話があるでしょう（49.家族の一員を連れてきてもいいですか）。

　また，クライエントの知らないところで，治療者から家族に勝手に連絡して，連絡を取り合うということは，まずありえません。

## **45** 面接の時間内に話すことが途切れたらと心配です

　そうですか。話が途切れることが心配ですか。日常のなにげない会話でも，途切れる瞬間ってありますよね。一方が話をして，話しながらも時々間があいたり，聞くほうもあいづちを打ったり黙ったり，いつのまにか話し手と聞き手は交代し，その間にやはりちょっとした間合いがあったり……人と人との会話は，だいたいこんな感じではないでしょうか。

　ですから，自然のままで来室し，話したいと思うこと，頭に浮かんできたことを話せばよいのです。カウンセラーは，あなたが話しやすいような雰囲気をこころがけています。おそらく 20 分も 30 分も黙ったまま，ということは起こりにくいでしょう。そして，わずかな時間，沈黙があるのもまたよいものです。

　カウンセラーは沈黙も大切に考えています。静かな時を一緒に過ごします。あなたは，その間いろいろなことをきっと考えるでしょう。いましがたの話かもしれませんし，これから話そうと思うことかもしれません。カウンセラーのことに，思いを馳せる方もいらっしゃるかもしれません。

　そこでは，何か話さなくてはと焦らないでよいのです。なんだかとっても焦ってしまったら，そのままの気持ちを聞かせてください。

　なめらかに話そうとかうまく話そうとする必要はありません。もともと人前で話をすることが苦痛であるなら，そのこともカウンセリングの場に出してみるのはいかがですか。苦痛の種が見つかるかもしれません。

　さて，きょうは話すことが少ないから 50 分もいらないな，20 分にし

てください，ということはしていません。なんらかの事情がないかぎり，いったん 50 分で始めたら，50 分で進めます。いつも時間は一定です。一定の枠を提供することは，クライエントを守ることになり良い効果を目指すものでもあります。

# **46** 何を話す？　何から話す？　どこまで話す？

　あなたが話したいと思うことを自由に話せばよいのです。とはいえ，人生の時間は有限です。しかも，カウンセリングでは1回の時間が定められているわけですから，その時間内で話せることには，やはり限界があります。決して急ぐことはないのですが，できることなら，その時々で優先順位を決めたり，テーマとしていることを進めたり，とそれぞれの状況に応じて時間配分をするとよいでしょう。ただし，心理療法の技法によって，テーマの取り扱い方には微妙な違いは出てきます。

　ところで，カウンセリングは話すもの，という印象があるようですが，**インテーク面接**\*が終わって**継続面接**\*に入ってからは，どうしても話したくないことがあれば，あえて話さなくてもかまいません。ここが普段の人間関係とは大いに異なるところです。カウンセラー側から，無理やり聞いていったり話させたりするというようなことはしません。そこには，「話せないあなたも守りましょう」「話せるようになる時期を待ちましょう」という姿勢があります。そうかといって，虫食い算のような謎解きのような話では困ってしまいます。カウンセラーのほうは，話のつながりをなんとか理解しようとして頭を抱えてしまいますので，ある程度の必要な情報提供はしてほしいものです。要は，思考や感情の流れに沿って自然に話していくことが一番です。限界はあるものの，50分という時間は，じっくり話すにはほどよい長さであると思います。

# 47 問題は1つ？　問題山盛り？

　話というのは，ぶつぶつと切れていることはなくて，つながっているものです。ですから，1つの問題を話しているうちに別の問題も話すことになって……，というようなことはよく起こります。それでも，話を進めてゆくうちに，元のテーマに戻っていったりもします。問題が山盛りという方でも，根幹は同じところであることをよく経験します。

　それでも，あまりに混乱したり脱線したりして，クライエントが困ってしまっているようなときには，たいていのカウンセラーであれば，助け船を出すはずです。それまでに話されたことを，少しずつ確認をとったりまとめたりします。そこでは，もつれた糸をほどくことがなされるわけです。このように，最初から問題を1つとか，2つというように絞り込まなくても大丈夫です。

　しかし，問題の根っこというか原因のようなものを，ある程度自覚していて，とりあえずはそのテーマを中心に整理できればよい，とお考えの場合は，伝えてください。はじめからテーマを絞って進めていくこともあります。

# **48** 大事な話は，後がいい？

　よく面接が終わりの時間に近づくと，一番大事な話をされる方がいらっしゃいます。それまで大事にしまっておかれたような印象を受けます。また，面接の時間が，だいたいあと5分～10分になると決まって「あとひとついいですか」「もうひとつあるのですが」と伝えられることがあります。

　これでは，お互いに困ってしまうことは目に見えています。次の方の予約時間が迫っていれば，十分に聴くことはできないですし，クライエントのほうもなんだか半端な気持ちで帰ることになります。本書では，各項「37. いくつかの約束」「42. カウンセリング依存が心配です」「55. リズムを刻む」に書いていますが，カウンセリングでは，**枠構造**\*を大切にするために，次の方が控えていなくても，時間が来たらその回は終わりにします。

　たびたび，帰り間際に大事な話を出される方，終わりの時間が近づくともっと話したい気持ちが強くなる方は，そのことについて一度話す機会を作ってみるとよいでしょう。

　やはり大事な話は，面接の初めのほうで出してもらったほうがよいのです。じっくりと時間が取れますから，それなりの対処法が考えられますし，カウンセラーのほうで必要なことを十分提供してさしあげられます。初めに話すことによって，時間もあなたの味方になってくれるはずです。

# VI だいぶペースがつかめてきた頃

# **49** 家族の一員を連れてきてもいいですか

「この人なんです。わたしを困らせているのは！ 先生からも怒ってやってください」などと，いきなり，クライエントにとっての困ったさん（⁉）を連れてくる方がいらっしゃいます。結論から言えば，これは御法度です。カウンセラーは，あなたと契約を結んだのであれば，あなたと1対1の関係で問題解決へのプランを立てています。そこへ，予想外の出演者が登場となると，あなたとの秘密の約束（**守秘\***）の問題や，ほかにもいろいろ確認したいことが果たせないままお会いすることになってしまいます。

家族に限らず，どうしても連れてきたいと思う人ができたのであれば，前もって話してください。面接を進めるうえで，有効であると考えた場合には，「それでは，いついつにご一緒にいらしてください」と伝えます。反対に，その時，登場してもらうことが適切でないと判断した場合には，見送っていただくこともあるわけです。

一方，カウンセラーのほうから，ご家族の誰々にいらしてもらうことはできませんか，と尋ねることがあります。「44. 家族（親，夫・妻など）に話す？ それとも内緒にしておく？」の項で書きましたが，そういう場合は，たいていその方にいらしてもらうことが問題解決のうえで有効であると考えた結果なのです。来室してもらうことが望ましいのですが，クライエント自身気が進まなかったり抵抗が高いようであれば，そのことを伝えてほしいと思います。あなたの気持ちを十分に聴いて了解できるようであれば，もう少し先延ばしにしたり，時には見送る可能

性もあります。一番困るのは，「すごくいやだったけど，お母さんを説得して引っ張って行った。でも，なんだかカウンセラーに対して不審な気持ちが残ってしまった」。これでは，なんにもなりません。なんのためのカウンセリングかわからなくなってしまいます。

大切なのは，あなたの気持ちと**信頼関係**\*です。抵抗や疑問を感じたときには，伝えてほしいものです。

他方，夫婦でとか，家族一緒に面接を進めるという方法もあります。また，そういうスタイルを望む方もいます。その場合は，初めからそのような枠組みで始めますので，なんの問題もありません。

# **50** 家族の抵抗

　家族が，しぶしぶ了解したカウンセリングに，今度は強い抵抗を示す。「カウンセリングに行くようになってから，あなたは悪い子になった。そこはよくないところだから，さっさとやめてしまいなさい」と一蹴される……そんなことがあるものです。

　実際，今までの家族関係や，そのあり方に疑問を感じ始めたあなたは，家族の誰かに対して，もっとこうしてほしいとか，子どもの頃，お母さんはわたしにこんなことを言った（した）けれど……などと，面接時に感じ取ったものを，面接外の世界で表現するようになることがあります。それは成長のためのこころの探索です。クライエントにとっては大切なステップですが，家族としては，とうの昔に過ぎ去ったことや忘れていることを今頃になって言い出されては，困惑してしまうでしょう。あるいは，面接で，家族の誰かが自分の悪口を言われているようでいやだという話も，しばしば聞かれることです。

　このようなことが起きたときは，ぜひ治療者に知らせてください。必要があれば，クライエントを交えて家族のどなたかと会うことになります（**合同面接**\*，**家族面接**\*）。たいていの家族は，見えなかった舞台裏が少し見えると安心されるようです。家族の反対のために，いいところまで進んだこころの整理が中断してしまうことは，もったいないことです。

# 51 他の機関のカウンセラーと併行してみたいのですが

　このような気持ちが起きたら，次のことを考えてみてください。まず，そのような気持ちになったのは，いつ頃からですか。かなり前ですか。最近ですか。

　ご自身でその理由が思いつきますか。たとえば，初めはカウンセラーと相性がよいと思っていたけれど，しだいに相性がよくない感じがしてきているとか，あなたの思うような応答を返してくれないとか。カウンセリングの効果や進歩のようなものが思ったより少ない，こんな感じを持つ方もいらっしゃるかもしれません。

　それでは，そのことをカウンセラーに伝えられますか。伝えることは難しいですか。伝えるとカウンセラーからはどのような応答がありそうですか。伝えることで，あなたはどんな気分になりそうですか。

　実は，このような気持ちになる理由は，クライエントの問題の一端をあらわしていることがあるのです。ですから理由が思いつく方は，その時がチャンスかもしれないのです。それが，悩みや問題の転機になる可能性があります。もちろん，カウンセリングの効果の点ではカウンセラーの力量不足ということがないともいえません。

　どこのカウンセリングルームに行くこともあなたの自由ですが，複数のカウンセラーに同時にかかって効果があるかというと，むしろ併行することにより，微妙な進め方の違いなどが予想されますから，クライエント自身が，どちらのカウンセラーに添っていこうかなどと考え，混乱してしまうかもしれません。他のカウンセリングルームにも行きたい気

持ちが起きたら，お知らせください。それなりの経験を積んだカウンセ
ラーであれば，その気持ちを大切に受けとめて，その時にとれる最良の
方法を伝えてくれるはずです。

## 52　カウンセラーは立派すぎて，悩みを出しづらい

　「カウンセラーは立派すぎて，自分の悩みなんかに真剣になってもらえないのではないか」「カウンセラーは問題を解決してくれる」「カウンセラーはやさしい人」——このようなカウンセラーに対する印象の話を聞くことがあります。

　たしかに，カウンセラーは，（一方的にということはないですが）問題があれば解決の方向へと力を尽くしますし，カウンセラーのこころの中には，やさしさもあります。しかし，これらのことはカウンセラーに限って，ということではないと思います。検察官・警察官，そして弁護士は常に正義の味方で，学校の先生はいつも正しい，そうあってほしいようにも思いますが，ともに人間ですからいつもそうとは限らないでしょう。

　カウンセラーが立派すぎるように感じるのは，あなたのイメージでしょう。そのような人の前では，本来の自分が出しづらくなってしまうのかもしれません。これまでのことを思い出せますか。立派な感じがする人や偉いと感じる人の前では，いろいろためらうことがありませんでしたか。そうであるとしたら，それはいつ頃からのことでしょう。思い出すことができますか。「41. どうも相性が良くないようです」の項で書きましたが，それは，転移*感情の可能性があります。カウンセリングのはじめに，このあたりのことを話していくとよいでしょう。そのあとの課題のためにも大事な一歩です。

## **53** カウンセリング（あるいは治療）に通っている娘の具合を教えてください

　ご家族などからのこのようなお尋ねの場合，あとから話がややこしくならないように配慮をしつつ，さらにそれぞれの目的に応じて治療者は対応していきます。

　親が，カウンセリングに通っている娘を心配する気持ちはよくわかります。しかしながら，最近娘さんはこんな具合です，と伝えることはできないのです。カウンセラーには秘密を守るという約束（**守秘義務***）があります。

　親として，どのような心配をされているのでしょうか。カウンセリングの場で話題になっていることでしょうか。家でのことなど，何か伝えたいこともあるのでしょうか。それを，ひとまず娘さんに聞いてみることをなさいましたか。大切なステップです。そして，その結果や手応えはどうでしょうか。

　それらを踏まえて，さらに，親の側の心配から治療者に会ってみたいという希望があれば，本人に聞いてみるとよいでしょう。そこで了解が得られたのであるなら，本人から治療者にそのことを伝えてもらいます。治療者は，クライエントである娘さんの様子に配慮しながら考えます。来室してもらうことで，クライエントに治療上なんらかのマイナスの作用が起こらないかどうか，むしろ来室してもらうことでクライエントに良い結果がもたらされるかどうか，またそのタイミングは適切か。そのあたりを十分に推量し，あらためてクライエントの了解を得ます。その後に親の意向を受けていきます。初めのうちは，治療状況を伝えるとい

うことよりも，親あるいは家族の話を聴くということが中心になるでしょう。

　また，家族の誰に来室してもらうのか，さらにクライエント本人も交えた**合同面接**\*にするのか家族の方だけの時間を取るのかなど，あらかじめ話し合っておきます。

　ここで，大切なことは，治療者はクライエントに内緒でクライエント以外の人とつながらない，ということです。このことについては，親子のケースであっても夫婦のケースであっても同様です。例外としては，クライエント本人に生命の危険が生じた時のみです。このような時は，守秘が外されクライエント以外の方との連絡も発生します。

　生命の危険時の対応に関しては，治療を始める時（**治療契約**\*時）にクライエントに伝えます。

## **54** 次の約束まで待てないときは，約束前でもいいですか

　カウンセリングの飛び入り（約束のない日の面接）は，どの程度の緊急性であるかを見極めることが要となります。生命の問題に関わるでしょうか。それとも，気分的に待つことができないのでしょうか。

　カウンセリングは，始める時や仕切り直しの折に決める，週に1回とか，2週に1回といった頻度（**枠**\*，**枠構造**\*）を大切にします。そうはいってもカウンセリングとカウンセリングの間には，いろいろなことがあるでしょう。それを，次の回まで抱えていることはつらいことかもしれませんね。抱えきれなくなって，思わず途中で話を聴いてもらいたくなることもあるでしょう。初めの頃は，カウンセリングそのものに慣れていませんから，そういう気持ちが起きても無理もないことでしょう。

　できることなら，次の回まで持ちこたえられるとよいのですが。そして，どんなふうに，荷物（困った症状など）が持ちにくかったのか，どの程度，荷物が重たかったのかを，カウンセリングで出してみましょう。そうすることで，あなたがどのような状況になると耐えがたさを感じたり，実際に耐えられなくなったりするのかを見ていくことができますし，そこから対処の方法を考えていくことができます。しだいに次の回まで持ちこたえられるような力がついてくるはずです。

　いつもいつも，次の回まで待てなくなってしまうのであるとしたら，それは苦しいことでしょうから，早めにテーマとして取り上げていきたいところです。併せて，カウンセリングを終えて，それほど時間が経たないうちに，すぐに再びカウンセリングを強く望む気持ちが起きるよう

でしたら，その前の回で，なにかこころが動いた可能性がありますから，その部分を振り返っていくとよいと思います。

　一方，生命の問題に関わるときは，ぜひ連絡をください。また，医療機関などにかかっている方は，生命の問題に関わることのほか，薬の服み方や薬を服んだことで起こったこと，身体のことなど，予約のないときでも応じてもらえるはずですから，一度かかっている医療機関などに問い合わせをすることがとても大事です。

## 55 リズムを刻む

　起床や就寝，食事の時間は，あまり変動がないほうがいいものです。定時というようでは，かえって窮屈な感じがしますが，ほどよいリズムがあると，ここちよいものです。カウンセリングに通いはじめの頃は，カウンセリングという機会を生活に加えていくという意識が働いていると思いますが，しばらくすると，なんとか1週間を過ごしてほっとする間であるとか，2週に1回，自分について考える一時<sup>いっとき</sup>であるとか，生活の流れのなかのひとつのリズムとなっていくでしょう。そこまで来ると，カウンセリングを受けない日常の生活の間にも，カウンセリングの場でも，あなたなりの工夫が生まれてくるはずです。たとえば，ちょっとしたストレスは，このようにおさめて（**対処**\*して）おいて，今度のカウンセリングではこのことを話してみるのはどうかな，という具合です。その工夫は，あなたの悩みや問題にも良い効果をもたらし，カウンセリングの進行の助けとなっていきます。

　次に会う予定を曖昧<sup>あいまい</sup>にしておかないで，どれくらいの間隔でカウンセリングを進めていくか，という決め事（**枠構造**\*）は，このように意味を持つものです。慣れないうちは，戸惑いもあるかとも思いますが，このリズムと効用は，しだいに実感できることでしょう。

# 56 時々不安になるので，電話をかけてもいいですか

　治療者の方針にもよると思いますが，基本的には，対面によるカウンセリングで進めることを決めた期間は，基本，電話によるカウンセリングを行いません（もちろん，電話カウンセリングというスタイルも存在します）。

　不安になって電話をしたとき，治療者が電話口に出てくれて，いくらかでも安心が得られればいいように思われるかもしれませんが，いつもタイミングよく電話に出られるとは限りません。他のクライエントのカウンセリング中であることもあります。このあいだは出てくれたのに，今回出てくれないのはなぜ？　という気持ちになって，かえって落ち着かない状態になることもあるでしょう。また，不安になるたびに電話をかけていても良い効果は得られません。電話で話しているときはよかったものの，切った途端に不安が押し寄せてきたということが起きかねません。そんなことをしているようでは，いっそう苦しさが増してしまうでしょう。不安を抱えながらも，できることはやっていくという力を維持したり，その力を育てていったりする機会を失ってしまうことにもなるのです。

　それでは，どうすればよいでしょう。時々感じるその不安は，強いものですか。弱いものですか。どのような状態の時に起きますか。ひとりでいる時ですか。誰かと一緒の時ですか。不安が起きるとどんな気分になりますか。どんなことを考えますか。その不安を誰にも話せない時に，やわらげる方法を持っていますか。それは，どんな方法ですか。

　このように，不安が起きた時の気持ちや考え，対処方法などを探索していくと，不安のもとをつきとめることや，不安そのものを消失させていくことが期待できます。不安が起きたあと，すこし落ち着いたら，起きた状況，気持ちや考え，その時とった行動を分けて，紙に書いてみると謎解きの助けになります。これらは，不安だけでなく恐怖やパニックにも応用することができます。

　この探索をカウンセリングの場で治療者に援助してもらいながら行うと，いっそう効果的です。

　クライエントのBさんは，夫から出張の話をされると，いつも決まって胸が苦しくなって息が吸えない感じがしてパニックになるのでした。夫婦仲はよく，とりたてて問題になるようなことはないとのことです。また，同じ話を電話でひとりで聞くときよりも，夫から直接伝えられたときのほうが，症状は強く出るということです。頭が真っ白になってしまうと話されました。カウンセラーへの電話は決まって，この直後でした。

　そこで，カウンセリングの場で，パニック時の感情や思考についてみていくことにしました。Bさんの両親は，おだやかでやさしい人でしたが，ふたりとも仕事を持っていて不在がちでした。そのぶん，Bさんを気遣って好みのおもちゃや本をたくさん買ってくれました。たまに時間ができると，本の読み聞かせをしてもらえることや遊んでもらえることがありました。なにも不自由のない生活でした。カウンセリングが進むうちに，Bさんは両親が出掛けるときには，いいようのないさびしさを感じていたことを思い出しました。できることなら出掛けてほしくないと思うこともありました。それでも，その気持ちをしっかりこころにしまって，にこにこと両親を見送りました。自分の気持ちを話したら，親はとても困るであろうことを子どもながらに察していて，いい子でいま

した。時は経過したものの，夫の出張に際して同じように振る舞っている自分に気づきました。自己のさびしさは微塵も見せないで，明るく送り出すように努めていました。しかし，Bさんはそれに耐えられなくなっていたのでした。正直なこころの動きともいえます。カウンセラーはBさんの気持ちを汲みながら，パニック時のために医師に少量の薬を処方してもらい，併せて，夫の不在時のさびしさを少しずつBさんから夫に伝えるようにしてみました。出張から帰るまでは，特に連絡などをしていなかった夫でしたが，無理のない範囲でBさんに電話をかけたりメールをしたりするようになりました。その後，症状が軽くなったのはいうまでもありません。いい子のありようや**分離**\*の問題が未解決のケースでした。

　不安におそわれるたびに治療者に電話をかけてしまうことは，苦しいことであると思いますので，それを話題にする機会を持てるとよいと思います。

## 57 カウンセラーに手紙を書いて持ってきたいのですが

　カウンセリングが進み，しばらくすると，毎回手紙を書いて持ってきたい，あるいは日記を読んでもらいたいという希望が伝えられることがあります。どうしてそういう希望を持っているのですか，と聞いてみると，いろいろクライエントの気持ちがみえてきます。

　たとえば，手紙や日記を通してもっと自分をわかってもらいたいという思いであったり，面接と面接の間のことをカウンセリングの場で十分に伝えきれていないので，その間の記録を読んで情報として受け取ってほしいという思いであったり，面接と面接の間，持てあましてしまう自分を知ってほしいし，その苦痛をなんとかしてほしいという思いなどさまざまです。大切なサインであることは確かです。では，それ以降から，手紙を書いたり日記をつけたりしてもらう方法にしていくかというと，そういうことはありません。

　以前，緘黙症*といって，あることがきっかけで人前で全く話せなくなってしまったクライエントと面接していたことがあります。その時は手紙と筆談で面接を進めました。この方の場合は，このような方法以外にその時は応じる方法がなかったからです。

　では，なぜ通常は手紙や日記による方法をとらないかというと，その場での言葉でのやりとりが大切なポイントであるからです。そのようなやり方は，治療のための道具のようなものです。抱えている問題をほぐし，困っている悩みや症状を軽減していくためには，カウンセリングの場での，コミュニケーションが大事な要素になるのです。どうして手紙

を書きたい気持ちになられたのかを，その場で聴かせてもらうことで，サインが解明されて諸症状が軽快していくことが多いものです。

　しかし，人によっては書いたものを持ってくることでかなり気持ちが安定することがありますし，治療者側もそれに意味があると判断した場合には，手紙や日記を取り入れることがあります。筆者の場合は，話し合いをして，書いてきたものをクライエントにその場で声に出して読んでもらう方法をとることがあります。とても書きたいと思う時期とそうでない時期があるようで，ていねいにみていきたいところです。

　最近は，手紙のやりとりといったスタイルに応じているところもあるようですが，多くのカウンセラーは，その場でのやりとりを大切にしていると思います。

# 58 本当にこんな調子でいいのですか

　毎週，ほぼ決まった時間に面接を予約し，ひとりではなかなか困難だった問題をあれこれ聴いてもらっている。カウンセラーのほうから，特にこうしたら？　こうしたほうがいい，ということは言われない。時々，それでいいのだろうかと心配になる。それでも，最近は面接に通うことが，生活のリズムになってきている。問題の原因もおぼろげながら見えてきた気がする。本当は認めたくはない。そうカウンセラーに話したら，「認めたくない気持ち，ありますよね。無理やり認めようと頑張らなくてもいいのでは？　しばらくは，何かが見えてきたことに気づいているだけで十分」とのこと。こんな調子でいいのですか。

　なかなかいい調子です。まずは，思いの丈(たけ)を十分に聴いてもらうことができるようになるまで，人によって，またカウンセラーとクライエントのペースによって，若干の違いがあります。それが，あれこれ聴いてもらえるようになれているのだとしたらいい傾向です。生活のリズムになっているのも悪くありません。このリズムも，カウンセリングが終わりに近づいた頃や，必要がなくなったときには，自然と消失していきますので心配はいりません。問題の核心が見えてきたなら，最初はあまり無理をせずに眺めていて，それを自分の方に引き寄せても大丈夫と思えたときに，少しずつ手繰(たぐ)っていけばよいと考えます。それも行きつ戻りつをしながらでいいのです。決して頑張りすぎないことです。カウンセラーと共に一歩一歩進めてみてください。

# 59 なぜかわからないけれど，もうやめたくなりました

　おそらくカウンセリングに通っている最中，いくたびかこのような気持ちを抱くことはあると思います。その理由は何ですか？　自分の中から起こっていることですか？　それとも，周りの誰かに何か言われたからですか？　あるいは，カウンセラーに不満を持っていますか？

　さぁどうしましょうかね。まず，自分の問題を考えるプロセスはそれほど気楽なものではないので，逃げ出したい気持ちや，やめてしまいたい気分に陥るのも無理からぬことです。そのような気持ちが出てきたときは伝えてください。しっかり受けとめたいと思います。周りの誰かの意見に影響を受けてしまったときも聞かせてほしいものです。カウンセラーに不満を感じることがあれば，これも伝えてほしいと思います。そのあなたの気持ちをていねいに取り上げていきたいと考えています。時には進めている問題を少しお休みしてでも考えていきます。実はそんな回り道が思わぬ近道だったり，抱えている問題解決への大きなヒントであったりすることがよくあります。

　また，いったんカウンセリングを開始すると，面接の時間以外でも，それまで以上にいろいろ考えるものです。あなたの１週間は，面接の時間よりも圧倒的に多い時間を持っているのですから。そのことも，逃げ出したくなる要因であったりするわけです。

　それでも，せっかくスタートさせたカウンセリングです。いいところまで来てやめてしまう（**中断**\*）のは，もったいないことであると思います。

## **60** 初めの頃には感じられなかったいらいらした感じ

　初めの頃は，いい感じに思えたカウンセラーがそうでもなくなったり，カウンセリングに行きたくない日があったりすることで，いらいらした感じが自覚されるのでしょう。

　それはマイナスのことのように思えるかもしれませんが，そうともいいきれません。面接が順調に進んでいるからこそ感じられることかもしれないのです。カウンセラーが変わってしまったように感じられますか。おそらく，そうではないでしょう。そこには，カウンセラーを誰かに重ね合わせて見ている「転移\*現象」が起こっていることが考えられますし，問題に取り組みたい気持ちと裏腹に，それを進めたくない気持ち（抵抗\*）も推測されます。カウンセリングのプロセスのうえで通る道ともいえます。やはり自分の問題を考えるのは，自分と向き合うことですからつらさを伴うもの。意識的にも無意識的にもそこから早く逃げ出してしまいたい気持ちが起きて当たり前でしょう。

　初めの頃は，無我夢中で，あれを聴いてもらいたい，これをなんとかしたいと思う気持ちで精一杯ですが，しだいにいろいろなことが見えてくるでしょうし，感じ取れるようにもなっていくものです。まだなにも変わらないように思えるかもしれませんが，そのいらいらした気持ちを考えていくことが，変化へのチャンスになります。

# 61 カウンセラーの言ったことが気にかかる

　よく誤解されるのですが，カウンセラーは万能ではありません。失敗もすれば，どうしたものかと考えあぐねるようなことも，しばしば起こります。それなのに皆さんは，カウンセラーをスーパーマンのような存在にしてしまうことがあるようです。

　こういうわけですから，ヒットする応答をすることもあれば，たまには，はずれた応答をしてしまうこともあるのです。十分に配慮していても，そういうことが生じる可能性があります。そんなとき，皆さんはどうされるでしょう。がっかりする方もいるでしょうし，腹を立てる方もいるでしょう。それでいいのです。その代わり，受け取った気持ちを言葉で伝えてください。くれぐれもひとりで悩まないでください。カウンセリングを受けているのですから。

　気にかかる言葉や態度を伝えることは，少し勇気がいるかもしれません。それでも，どこかに引っかかる気持ちを抱えながら進めるカウンセリングは，本来の姿とはどこか違ったものとなってしまいます。そのように伝えられると，カウンセラーはあなたの勇気を讃え，カウンセラーのほうで誤った表現などがあれば訂正をするなり，また，その状況を思い起こし，言葉不足から生じたことであれば，なんらかの説明を補います。

　「この間の○△は当たっていない，そうじゃないのです」と言われることは，あまり気分のよいことではないけれど，真摯なカウンセラーであれば，そういう申し出にも，懸命に耳を傾けてくれると思います。

## 62 ついつい面接に遅刻してしまいます

　面接に遅刻すると，いくつか困ったことが発生します。ひとつは，せっかくのあなたの面接時間が短くなってしまうことです。次の方の予約が入っている場合は，わずかな延長も叶えてあげられないことになります。また，たとえ次の方の予約がなくても，**枠構造**\*を大切に考えているために，延長をしないことはカウンセラーの姿勢です。その代わり，あなたの面接時間はあなたのための時間ですので，とても大事に考えています。

　たびたび遅刻をするようであれば，その理由を考えてください。思い当たりますか。

　面接に通うことに抵抗はありませんか。前回，あるいは前々回の面接で気になることはありませんでしたか。特に意識されていなくても，ほんのちょっとした理由が，あなたをカウンセリングルームから遠ざけてしまうことがあるものです。

　1分2分にこだわるほど厳密なものではありませんし，学生時代のように頭ごなしに怒られるようなことは絶対にないのですが，実は，カウンセラーは面接と遅刻の関係にとても注目しています。また，連絡なく頻繁に遅刻すると，カウンセラーにやる気を失わせてしまうことになります。遅刻しがちになったとき，面接でそのことを考えてみることをお勧めします。

　同様に，たびたびのキャンセルも，カウンセラーの前向きな気持ちを削いでしまうものです。

# 63 よくなったと思ったのに，あと戻りしたような気がします

　あなた自身やあなたの環境が，カウンセリングを受ける前より，よくなったと感じることがあるのでしたら，少しずつ成果が出てきているのでしょう。

　ところが，いったんはよくなったのに，あと戻りしたような気がするのですね。

　では，ここで考えてみましょう。人間の成長は一直線だと思いますか。そうは思われませんか。いいですね。試しに右上がりの直線を紙に描いてみてください。どうですか。なんだかゆとりがなくてもろい感じがしませんか。人間の成長というのは，実はDNA鎖のらせん構造ではありませんが，**らせん**\*状に進んでいくといわれています。今度はコイル状の輪を上方に向かって描いてください。直線と比べると余裕がありませんか。ひとつの成長課題を乗り越えても，そのあとに新たな課題がやってきて取り組むことになりますが，そうしている間にも，再び同質の課題があらわれます。

　たとえば，ここに3歳の子どもがいます。もうすっかりお母さんのもとを離れて遊ぶことができます。ところが，その子どもが幼稚園に入る頃か，あるいは下の子どもが生まれた頃に，お母さんのもとを離れて遊ぶことができなくなることがあります。あと追いといって，まるで乳児期に戻ったかのような行動に出たりします。しかしそれは乳児期のあと追いとは異なるものです。それよりやや上の同質課題に直面しているのです。乳児期のように，お母さんのもとを離れるのが不安で踏み出せな

いのではなくて，幼稚園という新しい環境に戸惑いを持ったために起きている反応であるか，下の子どもにいくぶん多めにお母さんの心身が向かっていることに反応しているのです。ぼく（わたし）もいるんだよ，こっちにもたくさん向いてよ，という具合です。ここで，幼稚園という新しい刺激が関係しているようであれば，時期が来れば慣れてきて，お母さんのもとを離れることができるでしょう。一方，下のきょうだい（弟・妹）の誕生に起因しているようであれば，母親が，あらあら，甘えんぼさんがふたりになったね，とやさしくほどよく対応してあげれば，じきに，またお母さんのもとを離れることができます。離れて遊ぶことに不安を持たなくなるでしょう。

　これらの課題を**分離−個体化**\*と呼びますが，３歳頃の幼児に限ったことではなく，青年期にも経験することです。乳幼児期のあと追いと幼児期に再び訪れたあと追い（**分離の課題**\*）とは，質的に異なるように，青年期の分離の課題は，身体的なものより心理的な様相が強くなります。親からの心理的依存を克服しようとか，社会に向けての心理的な独立心であったりします。

　分離の課題ひとつとっても，幼児期は，追いかけるとか抱っこしてもらう，まなざしを注いでもらうなど身体的にも精神的にも相手をかなり必要とするのに対し，青年期においては，大方こころの中で自分自身と取り組む，などと違いがあります。さらに，大切なことは，乳児期にその時期なりの**分離**\*が達成できていないと，幼児期の分離が難しくなります。乳幼児期の分離が乗り越えられていることが，青年期の心理的な分離をスムースにします。一段上のらせんは，その下のらせんが基盤になっているのです。

　このように人間の発達がらせん状であるように，カウンセリングの成果も同様に進むと考えられています。よくなったのに，一見あと戻りし

たように見えても，元のところまで戻っているのではないのです。少し後退したかのような時期は，次に進む準備であったりします。ですから，それほど心配をしなくても大丈夫ですが，あまりに逆戻りした感じが苦しいようでしたら，治療者に伝えてみてはいかがでしょう。

# **64** あぁ，そうか

　一定期間，カウンセリングを受けてみた。心理学の本もいくつか読んでみた。よくわからないけれど，苦しんでいたことは軽快してきている。それが今だけのことであるのか，これからも続いていくのか。また同じ苦しみは味わいたくない。いったいこの先はどうなるのだろう。なんだか不安だ。

　カウンセリングの効果は感じられるものの，その効果の背後にあるものが見えていないために，前途に不安を感じているようです。治療が，中期から終期に向かう頃，このような，もやっとした思いを抱かれることがあります。

　ところがある日「あぁ，そうかわかった」と深くうなずく体験（**あぁ，そうか体験**＊，**アハ体験**）をすることになります。それは，まさに臨んでいるカウンセリングの場であるかもしれませんし，それ以外の場であるかもしれません。

　ここで，あるメーカーの生産ライン勤務のＤさんを例にあげましょう。Ｄさんは，効率第一の会社(a)で働いていました。上からはノルマを達成するように言われ，昼休みやわずかな休憩時間も，同僚と仕事の話に明け暮れていました(b)。そのような日々を過ごしていたＤさんですが，突然会社で倒れ，病院で胃潰瘍の診断を受けました。Ｄさんは生真面目で融通性の乏しい性格でした。仕事以外にはこれといって楽しみなどを持っていませんでした。この会社を追われたらどこにも行くところがないと考え，懸命に仕事に取り組んでいました。併せて，人前で弱みなど

を絶対に見せることはありませんでした(c)。しだいに，その懸命さゆえ，仕事に向かうと決まって緊張するようになっていました。そうなると，能率が上がるどころか反対に気持ちばかりが空回りしてしまいます。身体が悲鳴を上げて，ようやくＤさんの疾走にブレーキをかけました。それでも，Ｄさんは，真面目にやっていた自分にはなんらの非もない，と考えていました。

　そのようなＤさんでしたが，友人からの勧めもあってＤさんは，カウンセリングを受けることにしました。自分からは特に話すこともないので，あまり意味があるとは思えませんでしたが，続けてみました。そんなある日，たびたび治療者から尋ねられる「最近はリラックスされていますか」という質問を聞いて「あっ」と気づきました（**洞察** *）。長い間，なんでそんなことを聞くのだろうか，と不思議に思っていましたが，その日は違いました。「あぁ，そうかわかった」。自分は，生真面目にすぎたようだ。瞬間，それまでこわばっていた身体がぐらっと動き，涙など人前で見せたことがないＤさんが，治療者に見守られ，久しぶりに涙しました。もう少し肩の力を抜いたほうがよいのだな。真面目すぎることで，かえって能率を落としていたんだ。(a)という環境の中で，(b)のようなストレスがかかって，緊張の末に病気になったのは，(c)という性格基盤に由来していた――そう気づいたのです。

　その後のＤさんは，時々自分の性格傾向(c)に気持ちを向けるよう（**認知の変化** *，**認知の再構成** *）になりました。昼休みは気分を切りかえて仕事以外のことをするようにしました。さらに，「効率至上主義のような環境(a)(b)に自分は合っていないかもしれない。構えずにやってみて，また苦しくなったときには思いきって転職することも考えてみよう」と思うようになりました。「転職したところで自分という人間の価値は変わりない」とまで考えられるようになりました。自己の性格と向き合い

環境調整をはかることも，可能性として残されているという人生プランを掌中に入れました。

　精神分析医のフロイト（Freud, S.）は，現在の問題や症状に着目するだけではなく，性格形成のもとになっている，人生早期の欲求や葛藤，感情などに洞察が得られることを治療の目標にしました。ワラス（Wallas, G.）は，創造的過程の研究を進め，その過程を，①準備，②インキュベーション（あたためる），③ひらめき，④検証の4段階に分けました。「あぁ，そうか」という体験は，急に起こるのではなくて，無意識の中のかけらとかけらが少しずつ結合していくなど，静かな準備進行段階というものがあって，それらはある時一気に統合して，意識化される，それが洞察である，と説いたのです。

　このインキュベーションというのは，よく鳥の卵があたためられる状況にたとえられます。そして，この洞察のプロセスは，小さなものからだんだんと大きなものへと深まり至るともいわれています。さらに，頭だけで理解されたもの（**知的洞察**＊）よりも，十分な感情の動きを伴ったもの（**情緒的洞察**＊）のほうが，治療のうえでは効果的で意味があるとされています。

# Ⅶ 終わり時

# 65 終わりを意識する頃

　これまでに，カウンセリングに関してさまざまなことをお伝えしてきました。

　最後に，カウンセリングの中で一番大事なことを書かなければ，本書を締めくくるわけにいきません。

　カウンセリングがどんなものであるかを心配していたあなたにも終わりはやってきます。カウンセリングの過程は，自然に前期・中期・後期と分かれ，その後に終期（治療者は**終結期**\*と呼ぶ）の時期を迎えます。筆者は，「終わり時」を，始めるタイミングと同じくらい大切な要と考えています。関わり合った人と人とが別れるのです。この仕上げをなおざりにするようでは，それまで積み上げてきた日々をふいにしてしまうくらいの威力をもって，あなたに迫るかもしれません。極端な話，しまい時，別れ時をうまく越えられなかったことでカウンセリングを受ける方は，とても多いものです。

　普段の別れ際は，上手な方ですか。それなら大丈夫でしょう。どちらかというと苦手な人は，どんな感じだといいのかを考えてみることも助けになるでしょう。良いイメージは，望む現実へと近づける一歩となるでしょうから。ところで，始めた頃から終わりの心配をすることはないのです。この章は終わりが意識される頃の話です。

# 66 カウンセラーからの終結の提案

　人によっては短期間，またある人は長期にわたり，カウンセリングの道のりを歩みました。旅の入り口では到底考えられなかったことが起こっています。

　初めの頃にとても困っていた症状が軽くなったり消失したり，抱えていた問題に整理がついたり乗り越えられたりしていることでしょう。そのような状況は，カウンセラーの力で起きたものではありません。足取りの軽い日もあれば，しんどさを感じる日もある，その道を進んでこられたあなた自身と，カウンセラーとの関わりによって迎えられたのであると思います。

　そこで，「そろそろ終わりを考えても大丈夫な頃になったな」とカウンセラーが終結を考え始める時期と，クライエントの気持ちが，ぴったり合うと一番よいのですが，実際には，なかなかそうもいきません。初めに困っていた症状は良くなったけれど，今度は別の症状が出てきたとか，ひとつの問題は整理がついたけれど，別の問題が見つかったなどは，よくみられる話です。無理もありません。

　療法の期間に関していえば，問題を抱えてから長い経過の末に訪れる人は，ごく最近問題が起き始めた，いくぶん軽い人より，長期にわたる傾向があるといわれています。さらに，治療の技術も一因となりますが，クライエントの性格傾向も関与します。調子のよい兆しをよしと考えて進める人と，進歩の兆しを受けとめきれず，一時よくても再び悪くなるのでは，と心配する人とでは，おのずと経過や期間も変わってきます。

　さらに，いつ目標に達したか，あるいは目標に向かっているかを見極めることは，曖昧さを伴います。加えて，カウンセリングに通うことは生活のリズムになっているでしょうから，そのリズムを変えることに**抵抗**\*が起きて，別の症状を生み出すことにもなるのです。慣れ親しんだことに対する離れがたい気持ちもあるでしょう。

　カウンセリングを終える時期に関しては，いろいろ研究がされていますので見ていきましょう。

　それは，こころの中でなにかが変わって（**内的変化**\*），身近で発生した困ったことが一息ついて（**外的な問題**\*の解決ないし緩和），そのこころの中で変わったことと困ったことは，こういう関わりだったのかと，わかるようになることです（内的変化と外的な問題の**関係性の理解**\*）。さらに，あなたがカウンセリングを受けることは，意味のあることだったのだと，こころの中で納得がいくといっそうよいことになります（カウンセリングを受けた**意味の了解**\*）。とはいっても，このように型通りでなくてもよいのです。目標に向かって実質的に進歩している様子がみられるようであれば，それもひとつの目安です。クライエントに，このようなことが起きていることが推測されるようになると，カウンセラーは，終結を考え始めます。

　人間は，いのち尽きるまで，なんらかの課題に対応しつつ成熟を続けます。それを**個性化の過程**\*と呼びます。個性化の過程の一時期にカウンセリングを受けて歩んだということは，意義深いことであると思います。自分から目をそらさないで，自分と向き合ったことの証でもあります。では，個性化の過程のすべてにカウンセリングが必要かというと，そういうことはありません。カウンセリングは完全を目指すものではありません。ある時期に，カウンセリングを受けたことでもたらされるものがあります。それは，自分を見つめることを学び，終結後も自己の目

標に向かって歩む力を有すること，問題への対処の仕方が身について，そこからは，ひとりでも十分にやっていかれるようになるということです。もうひとつ乗り越えたいことは，ある人への感情が他の人へ向けられること（**転移**＊）の気づきと取り組みです。

　河合隼雄氏は，とても良いことを説いています。「終結というのは，関係が切れるのではなくて関係が深くなるので，それほど会う必要がなくなるのだ」というものです。クライエントのこころの中に，カウンセラーが存在するようになるので，直接会わなくてもよくなる，ということです。

　ですから，カウンセラーは，最初の訴え（症状や問題）が，一段落した頃合いを見て，「ひと山越えた感じですね」とか「そろそろ終わりを考えてもいい頃かもしれませんね」と伝えます。ご自身でも同じように感じている方もいらっしゃるでしょう。お互いに，合意に達したら，今度は終わりに向けての作業に取りかかります。

　ところが，たとえば「人と話すことは緊張する」ということが最初の訴えであった方が，終結のステップに取りかかったところ，全く質の異なること，「仕事の能率をもっと上げたい，それについて考えていきたい」と伝えられることがあります。その際，「では今後は仕事の能率について考えていきましょう」と，すぐに引き受けるカウンセラーは少ないように思います。カウンセラーは，「ひとまず終結してみましょう。それでもなお，次の問題に取り組む必要があれば，あらためてスタートしませんか」と提案するはずです。前述のとおり，人生のうえでの問題は，いくらでも探せますから，仕切り直しをすることに意味があるのです。

　これは，最初の訴えを変えてはいけない，ということではありません。初めの訴えは毎回の面接のなかで，形が変わってもかまわないのです。

職場に足が向かない。どうも上司と相性が合わないように感じているからではないか，と考えて訪れた人が，だんだんとカウンセリングが深まるうちに，どうも上司は自分の父親と似ている面があると気づき，今度は父親の話が出始め，さらには，父親になにもかもを任せきりの母親のことに発展し……ということはよくあることです。いやだなと感じていた上司は，父親のいやな面でもあって，そういうことを思ってはいけないとその気持ちを抑え込んでいたところ，職場に対する抵抗があらわれてきたといった例です。最初の訴えにとどまっていることは，なんだか不自然で堅い感じです。連想や関心に任せて話すとよいでしょう。

　要は，中期以降，あるいは一段落する頃になって，新しいテーマに取りかかることは，あまり賢明とはいえない，ということです。単に，カウンセリングルームに通ってきていることで安心とか，やすらぎの場代わりに通い続ける，ということでは感心できません。そのような気持ちがどこかで感じられたら，そのことに関して話をしてみるとよいでしょう。

　カウンセラーは，このようなことを考えながら，慎重に終わりのタイミングを考えて伝えていきます。

# 67 クライエントからの終結の提案

　カウンセリングの終わりを，クライエント側から言い出すことも可能ですが，クライエント側からの提案には，いくつかの明瞭にしづらい問題が内包されていることがあります。

　ごく自然であるものは，前項でも記したように，絡み合っていたことがらの整理がついたり，困った問題が解決した時です。同時に，たくさん聴いてもらう体験を経たことで，気持ちが楽になることもあるでしょう。山も越え，谷も越えて，ゆっくりならば，もうひとりで歩けそうと感じる頃かもしれません。そのような感じが持てるようであれば，そのことをカウンセラーに伝えてください。カウンセラーも同様の気持ちを抱いている頃かもしれません。

　さぁ，ここで率直な気持ちを伝えられる方はいいのですが，日本人的な配慮が働き，こんなに一生懸命関わってもらっているのに，終わりに関して伝えることは，なにかすまないと考え，言い出せない方がいます。また，そろそろ終わりにしてもよいのだけれど，そんなことを言い出したら，あっさり了解されるかもしれない，それはそれで，見捨てられるようで怖い（**見捨てられ不安***）と思う方もいます。

　通常，クライエントから終結の提案が示されると，それが進歩を的確にとらえているものであるか，そうでないもの（**抵抗***）を伝えようとしているのかを考えてみます。抵抗には，このようなものがあります。もうカウンセリングに通い始めて，だいぶ経つのだけれど，あまり変化がみられない（成果に不満足），ここのところ，特に同じところで足踏

みしている（天井効果*）感じなどです。このような理由から終わりにすることを考える方もいます。さらに，それを言葉ではなく，調子のよい話に終始したり，緊急な問題が起きても助けを受けないなど，間接的な態度で表す方もいます。終結という事象ひとつとっても，このようにこころの機微がみてとれます。

また，前項でも記しましたが，終結の時期がよくわからない，見当もつけられない，ということもあるでしょう。いったいどこまでいったらよしとすべきか，どこまでいっても終わりはないのではないか，というように感じられることもあると思います。なにか特定のことを解決させる目的というより，いわゆる自己実現をテーマにしたときにも起こる可能性があります。このような気持ちが起きたら，ぜひ言葉に出して教えてください。そのように感じること，それ自体に問題解決のヒントが隠されていることがありえますし，抱えている気持ちを伝えずに他の機関に移っても，やはり同じ状況になる可能性があるからです。

クライエントのほうから，そろそろおしまいにしたい，と伝えられて，そうすることが可能であれば，カウンセラーはそれを受け容れ，終わりのステップをていねいに考えます。

一方，終結をクライエント側から，ある日唐突に伝えられた場合や，カウンセラー側では，まだ危なげな感じを持っている場合には，やはり率直にその気持ちを表明します。カウンセラーとしては「このあたりが，もう一息のように考えますけれど，いかがですか」といった見立てや問いかけとともに，その時点で考えられる，今後の具体的なプランを伝えて話し合います。それでも，なお終結への強い気持ちを示されれば，その気持ちを受け容れて見守っていきます。

さしあたり，悩んでいた情緒的・物理的問題がほぼ軽快したり，目標がほぼ叶えられるなどして，あなたらしく生きることができるようにな

った時こそが，真の「終わり時」であると思います。疑問の気持ちが湧いたり，終わりを言い出せないような時こそ，カウンセリングの力を借りたいものです。疑問に気づき，あえてまとまりのない気持ちを伝える姿勢こそが，終結への道標が示される時です。

# 68 やむを得ない終結

　面接を通して関わり合った二人が，終結を迎える様子については，前項に記したとおりです。さまざまな要素が考えられるものの，最終的には，カウンセラーとクライエントの双方が，合意する形で終える可能性があります。それが望ましいといえるでしょう。

　ところが，すべての面接がそのようなスタイルをとれるとよいのですが，そうもいかないというのが現実のようです。なかでも，わりあいと多いものは，公私なんらかの理由によってカウンセラーが，その場を離れなければならなくなるというものです。その理由としては，転勤や引っ越しなど，カウンセラー本人のみならず家族の事情ということもありえます。

　やむを得ず，そのようなことが発生したとき，カウンセラーは受け持っているクライエントに状況を率直に伝えます。それと併行して，終結のための準備をします。それぞれのクライエントの進行具合と，それに見合った終結のスタイルや時期を，カウンセラー自身の時間的猶予と照らし合わせながら進めます。

　どんなに少なくとも１カ月は欲しいものです。２～３カ月の期間が設けられれば，なおよいでしょう。カウンセリングの頻度は，週に１回の方もいれば，２週に１回，そして終期には月に１回の方もいるわけです。１カ月あれば，週に１回の方は，別れの時間としてはかろうじて取れたといえますが，月に１回の方は，お会いしたその日に「実は，きょうが最後の面接となりました……」と伝えることになってしまうわけです。

たとえ，その方が自分の問題をだいぶ乗り越えられてきた方で，月1回の間遠なフォローアップ面接の時期であっても，お会いしたその日に，「きょうで，さようならなんです」では，「それはないでしょう」という気持ちをはじめ，さまざまな思いが湧きあがってくることでしょう。せっかくの別れも，別れられないことになりかねません。

　ですから，カウンセラーは，やむを得ない終結を迎えなければならないときでも，万全を期して，そのような事態は避けるように努力します。つまり，カウンセラー側に，いくらかの時間的猶予と，そのあたりの配慮があれば，別れのための面接の機会や時間を最大限確保してくれるはずですので，心配はいりません。

　終わりに向けての面接の機会を中心に書きましたが，たとえやむを得ない終結であっても，どの問題が軽快し，達成したか，そうでないものはどれであるかなど，振り返りの作業は大事にします。限られた時間ながら，通常の終結の要素は盛り込まれます。

　この先，さらにカウンセリングを必要としているかそうでないか，なども話し合います。必要であれば，後任の話も出ますので，あなたの気持ちを伝えてください。

　他方，クライエントであるあなたの身の上に，やむを得ず，終わりにしなければならない状況が起きることもあるでしょう。そのような場合でも，カウンセラーは，上記のように残された機会や時間を，どのように使うことが望ましいかを考えます。やはり，終わりに向けてのステップは，いきなりでないほうがよいわけですから，そのようなことが決まった時点で，お知らせください。

# 69 学派による終結の違い

　治療終結のありようや目標は，各学派によって違いがあるので，ここでは，**精神分析療法**\*，**時間制限心理療法**\*（**短期力動精神療法**\*），**クライエント中心療法**\*，**行動療法**\*に絞って各々の治療の要と終わり方について，お伝えしたいと思います。

### 精神分析

　精神分析療法では，クライエントの頭に浮かんだり思い出したり（**想起**\*）したことに，治療者が，それはこういうことでしょうと伝える（解釈を加える）言葉によるやりとりが中心となります。この浮かんだことに，そのつながりはこういうことですよと伝えること（**解釈**\*）が，クライエントのこころの中で，この症状はこういう理由で起きたのだなという**洞察**\*へと導いていきます。

　この洞察が十分に進めば自然と終結へと向かうはずですが，そうやすやすと進むものではありません。というのは，今ここに生きているクライエント自身（現在を生きている自己）は，これまでの生活によって，気づかないうちにいろいろ決まってしまっていたり，つながりができたりしている（過去によって規定され意味づけられる）わけです。つらいことがあると，いつも決まって中学校の校舎がぼんやり浮かぶなどです。今度は反対に今の生き方やもののとらえ方によって，過ぎてしまった昔のことに対して，意識的であれ無意識であれ，あれはこういうことだと決めてしまう（現在によって過去が意味づけられ規定される）こともあ

るわけです。僕がいつも仕事が続かないのは，母親の育て方に問題があったからにちがいないとか，私が新しい会社を起業して成功しているのは，子どもの頃，周りのどの子どもよりも優れていたからにちがいない，などの信念を持つといったものです。

　しかし，実際がどうであるかはともかく，このように，つながりを言葉にできることはまれで，過去や現在の規定の根底には，蓋<ruby>ふた</ruby>がされていることが多いものです。治療者は，その蓋の取り扱いを考えながら，クライエント自身が，今の症状や問題はなるほどこういう理由で起きたのだな，との洞察に近づくよう水先案内をしていくわけです。なるほどこういうことでと輪郭が見えはじめる頃は，終結により近づいているといえるでしょう。

### 時間制限心理療法

　精神分析療法や一般の心理療法では，特に終わりを決めることなくスタートします。ところが，時間制限心理療法では，始める前に，たとえば 12 回といった回数（治療時間）を決めます。

　この際，治療者が一方的に，この療法を選び取ったり回数を決めたりすることはなく，クライエントと十分に話し合い，合意のもと（**契約**＊）で決めていきます。この療法の利点として挙げられることは，治療のための回数がはっきり決まっていますから，おのずと面接の中身は活性化し，治療者・クライエントの双方が積極的になることです。併せて，面接の初期・中期・後期のそれぞれ時期に特有なこころの動きというものが現れてきます。治療者は，そのこころの動きに応じた受け容れ（**受容**＊）や働きかけを十分に行っていきます。

　時間制限心理療法においては，たとえば，はじめに 12 回で設定をしたものの，12 回で収まりきらない情緒的問題が発生したときは，もう

一度あらためなおして，さらに 12 回行うことがあります。この場合も，治療者とクライエント双方の合意・再契約は欠かせません。

　しかし，この療法で進めることを含め回数を決めるにあたっては，クライエントのこころの状態をよく把握しなければなりません。安易に再契約（さらにひと巡り）を繰り返すようでは，本来の効果が発揮されません。

　この時間制限心理療法では，12 回設定の場合，およそ 9 回目から 12 回目にかけてが，終結期となります。

### クライエント中心療法

　この療法では，治療者は，クライエントとの関係のなかで，十分な肯定的な受け容れ（**受容**\*）を示しながら，耳を傾けます（**傾聴**\*）。さらに，クライエントが表す感情をそのままクライエントに返したり（**感情の反射**\*），「今，悲しい気持ちですね」とか「少しほっとされた感じでしょうか」という具合に，その時々に応じてクライエントの感情を明らかに（**明確化**\*）したり，時には別の表現で返したり，といった行いを通して援助を進めます。

　このような方法で，人間として尊重された体験を積み重ねることにより，自己に対する肯定的な価値観を取り戻し，ものの見方は画一的ではなく，こころは幅も深まりも増して（**内的変化**\*），それに伴うかのようにクライエントの困っていた症状などがやわらぎ始めます（**外的変化**\*）。ここまで歩みが進むと，クライエント中心療法では，終結が間近となります。

### 行動療法

　行動療法では，問題や症状そのものを対象にして治療を進めます。初

めに治療者は，クライエントの問題や症状が消失あるいは緩和するためには，どの行動がどのように変わればよいのか，どのような行動を学習すれば改善につながるのか，についてとらえていきます。

　次に，必要な行動や学習を，綿密に小さな段階に分けていき（**スモールステップ・プログラム**\*，**シェイピング**\*），実践へとつなげます。

　たとえば，ここに「ある頃から，学校そのものがなんとなく怖くなってしまった。学校をイメージするだけで怖くなって足がすくむ。それでも学校はきらいではないし，できることならまた行きたい」と訴える児童がいるとします。この子どもが再び学校に行けるようにするには，どうすればいいでしょう。児童の学校に対する怖さに関しては汲み取りながらも，すぐさまそこの部分を取り上げることはしないでおきます。「できることならまた行きたい」と思っている健康な面に焦点をあてます。

　この児童の場合，学校が怖いという漠然としたイメージと実際の学校というものの間に，いくらかずれが生じている可能性が，予想されます。ですから，そのギャップが埋まるような行動プログラムを学習することにします。今回は，自宅から学校までの道のりを少しずつ延伸していくことにして，恐怖反応そのものを徐々に弱める試みをします。このような方法を，系統的脱感作法と呼びます。

　スモールステップのプログラムは，15 ステップほどに分けられました。そのステップを一日の決まった時間に１回実践します。他の子どもたちが学校に登校したあとの時間あたりがよいでしょう。学習行動は，自宅の玄関で学校の方向に向かって立つことから始めます。次は，やはり学校の方向に向かって，２～３歩，歩きます。７～８歩くらい歩めそうでも２～３歩でやめておきます。その段階を何回（何日）か繰り返します。次は，自宅の玄関を出て，学校の方向に，最初の角まで歩きます。その

段階も何回か繰り返します。このように，小さなステップを一つひとつ達成していく行動を通して，恐怖や不安が少しずつ低減していき，望ましい学習が進んでいきます。ごく小さな子どもの場合，誰か安心できる者が傍らにいてもよいでしょう。

　さて，だいぶ学習が進んだ頃の課題は，学校の校門に立つことです。あれほど怖かった学校を目前にして立つことができました。こわごわながらも，もう少し余裕のある自己をも実感します。なんだか校庭を走り抜けて校舎の中に入っていかれそうな気がしてきます。それでも，プログラムに沿ってそれ以上は進めません。イメージと現実のギャップを埋めることは，行動により一歩一歩達成されていきました。その頃になると，ある日の登校時，ちょっとしたことから友達に仲間外れにされたこと，同じ頃，算数が少しわからなくなってしまったことが思い起こされたりします。ひとつのことに限らず，いくつかのことが重なって，ある行動や症状が成立することはあるものです。行動療法では，思い起こされたことは自然にしておいて，学習や行動を進めます。

　この児童は，何回か校門に立つことを繰り返しているうちに，おそらく予想外の行動が現れるでしょう。校門から教室か，あるいは保健室に飛んでいく，というような行動です。この例でいえば，校門に立てたその時期が終結期にあたるでしょう。

---

注）最近は「認知行動療法」も，よく取り入れられる手法です。紙面の関係上，ここでは詳しく触れていません。他の成書にあたってください。

# 70 終わりに向けてのステップ

　自然な経過であっても，やむを得ない事情であっても，終わりに向けてのステップは大切にしたいところです。ここでは，一般的な終結のステップをお伝えします。

　カウンセリングも後期になって，症状や問題が軽減したら，特に終わりの時期ということでなくても，面接を行う間隔をゆるめていくことがあります。1週に1回であったクライエントは，2週に1回に，2週に1回の機会であったクライエントは，ひと月に1回，という具合です。1週に1回であった方が2週に1回の頻度となっても，2週に1回の方がひと月に1回になっても，カウンセリングのない間を持ちこたえることができるようであれば，順調な運びといえます。それ以上に，特に間隔をあける必要がなければ，そのまま最後までいくスタイルもあります。

　では，いよいよ終結期の話です。少し難解な感じがするかもしれませんが心配はいりません。水先案内人は治療者です。流れの途上で，岸にぶつからないように，現実を忘れるほど夢中になって，思わぬところで座礁しないように，慎重に進めていきます。

　クライエントの歩みが，治療者，クライエント双方によって確認されて，お互いが終わりに進むことに合意できたとき，終結期へとステップを踏みます。

1. 新しいテーマに分け入ったり，持ち込まないようにします。それでも自然と新しいテーマが生じてしまったときは，そのテーマの緊急性

とこれまでの問題とのつながり具合などと照らし合わせて，取り上げたほうがよいかどうかを話し合います。

2．最後の面接の時期を，これまでの1週間に1回とか2週間に1回というように，同じ間隔で続けて完了するタイプ（時間制限による終結）がよいか，2週間に1回をしばらくやって，1カ月に1回をさらにしばらくやって，というように徐々に面接の間隔をあけて完了するタイプ（間隔をおく終結）がよいかを決めます。

　前者は，最終の面接がいつになるかを明らかにするので，その期間を使って，未解決の課題にも着手する可能性があります。このタイプは，それまでの治療が，こころの蓋（ふた）を取るような方法で行われていたものに適します。

　後者は，最終の面接がいつになるかは前もって決めません。そうはいっても慎重に終結の日へと向かいます。面接と面接の間の時期も歩んでいけること，それは徐々に離れていくことができるという手応えとしてとらえることができます。このタイプは，主に**サポーティヴ***（支持的）な方法で進められた治療に向くとされています。

　時間制限による終結をとるにしても，間隔をおく方法をとるにしても，終結の準備から最終までの長さは，それまでが，どの程度の治療の頻度であったか，期間はどれくらいであったかに比例しているといわれています。

　なお，面接の時間（カウンセリングのために取る時間）は，後期や終期になっても短縮するなど変えることはありません。

3．少しずつ増進されているクライエントの自分を客観的に見る力や**対処***力が維持されるようにサポートします。クライエントであるあな

たは，カウンセリングを通して，ひとつの仕事をしたわけです。初め
て来室された頃とは，何かが変わったことでしょう。よく性格を変え
る，ということがいわれますが，ひとたびのカウンセリングの機会で
すっかり性格が変わってしまうことはありません。性格は，いくつも
の面からできていますし，その面をひとつ取っても，表側と裏側では
異なるものです。それが一挙に変わってしまっては大変なことになり
ます。先にも書いたことですが，カウンセリングを受けたことで，そ
れまでとはものの考え方や見方が変わると思います。苦痛でしかなか
ったことが，見方が変わったことで，いくらか楽になることでしょう。
また，困難であると思っていたことに，自分なりの対処法が見つけら
れたりすると，悩みの渦に巻き込まれなくなります。

　さて，あなたは自分自身にどのような感じを持っていますか。この
時期は，これまでの足取りを振り返って，さらに自己観察力や対処す
る力を育てて，あらたな出発の糧にする時期でもあります。

4．ある人への感情を他の人に向ける（**転移**＊）などの課題が残されて
　いるようであれば，残された時間でそれに取り組みます。

　このように，終結期の準備を整えて，気持ちが固まったなら，一歩
一歩実践していくことになります。しかし，無理に進めることはしま
せん。何か問題があれば，そこで話し合いをします。一切変更のでき
ない取り決めをするようなことはありません。

# 71 別れられない

　苦闘の時期が過ぎて，クライエントのEさんは，終結のステップも大詰めとなってきました。終結に関しては，Eさん自身も希望したことで，カウンセリングを終えたあとは，何か新しいことにチャレンジすると話していました。ところが，どうしたことか，クライエントは身体の調子が悪くなってしまいました。アトピー症状がひどくなり，順調に進んでいた隔週の面接を休まざるを得ない日ができて，面接のリズムが乱れるようになりました。そこで，カウンセラーは，何かあるのではないかと思い，尋ねてみました。しかし，本人に新たな悩みが生じているようなこともなく，問題は見当たりませんでした。いったいEさんの心身に何が起こっているのでしょう。

　Eさんに限らず，終結に際してこのようなことはみられることです。やはり，別れというものは頭では納得をしていても，実際にその作業をすんなり受け容れられる人は少ないでしょう。症状なり問題が軽くなることは目標であったのに，いざそれらがなくなることはなんだか不安でしょう。そこには，ある期間を共に過ごしたカウンセラーとの別れもあり，これまでの別れの諸相が反映されることになります。別れがうまくできないことにがっかりしなくてもよいのです。人との別れ，物との別れ……今こそ，別れを伴う気持ちを見つめる良い機会なのです。終わることや別れることで思い浮かぶことを，言葉で伝えてください。涙が出るようであれば，それも自然に任せて。それとも涙も出ませんか。言葉にもなりませんか。どうぞありのままでいらしてください。このような

時期，こころの中にあるものを閉じこめてしまうと，それは行き場を失って，身体へと向かうことがあります。おそらくEさんは，十分に整理がつかない感情などを表現することが難しく，代わりに身体が反応しているのだと思います。

　喪失や別離の体験は，いくつかの段階が認められるといわれます。その現実を認めたくない（**否認**＊）–怒り–ゆううつ–受け容れ（**受容**＊）・再出発です。このステップを行きつ戻りつ乗り越えて，ようやく新しい旅立ちになるのです。傍らで治療者が見守っていますから，あなたの呼吸に合わせて，考えたり感じたりしていることを話してみませんか。その様子から，クライエントに，きわめて強い揺らぎをもたらしているようであれば，終結の見直しや先送りということも考慮に入れています。終結は，分離の過程でもあるのでていねいに進めます。

# 72 別　れ

　最後の時を，どう過ごしましょうか。これまで辿ってきた道を見ましょうか。あなたは，どのような体験をされましたか。それを味わい，ずいぶん頑張ったなぁ，とご自身をねぎらうことができますか。カウンセラーや治療者から，経過について話もあるでしょう。困ったときの対策も，おさらいをしておきたいです。

　最終回の工夫は，治療者それぞれが持っていると思いますが，あまり披露されていません。情報が少ないなかで，印象深い話を聞いたことがあります。ある治療者の話です。日頃，色がきれいだったり形がおもしろかったり，なんということもないけれど味がある，という小石を集めては箱の中にしまっておくのだそうです。一番最後の時にその箱を取り出して，クライエントに，1つ気に入った小石を選んでもらうのです。小石は小石であって治療者そのものではないのですが，治療者自身が見つけたもので愛着もあることでしょう。「それを持ち帰って，苦しくなったりくじけそうになったりしたとき，取り出してください。ここで頑張ったこと，わたしと共に成し遂げたことが思い出されるでしょう。どうぞそれを励みにしてください」，そんなメッセージが込められているように思いました。

　筆者は，そんな粋なはからいを持っていませんし，特にこれをというものはありません。これからの課題です。こちらが無粋なぶん，クライエントのほうがあれこれ考えてこられることがあります。学校の相談室の勤務では，学校という性質から修学年限の終わりにともない，カウン

セリングもひとまず終了ということになります。最近，卒業とともに帰郷される学生さんが，桃の花を持ってきてくれました。鮮やかな桃色のつぼみがたくさんついて，その方の行く先を表しているようにも感じました。相談室もほんのり明るくなりました。また，握手を求められることもあります。自然でやさしい握手を返せるとよいなぁと思います。

# 73 余韻…旅立ち

　ひと仕事を終えて，達成感のようなものを感じられる方もいるでしょうし，なんだか気が抜けたようになられる方もいることでしょう。毎週毎週，あるいは隔週ごとに通っていた，あの場所へ行くことはもうありません。……終わってみると，もっともっとあの話もすればよかった，こんなことも聞いてみたかった。この時期で終えてしまって本当によかったのだろうか。これから，自分はひとりでやっていかれるのだろうか。さまざまな心配が頭をかすめます。

　ごろりとベッドに横になってみます。天井をながめてみます。何も起こりません。あぁまた始まった。やってみなければわからないのに。まだ何も始まっていない。そうそう，新しいスタイルは自分で決めるのだった。今度は自分で船を漕ぎ出すのだった。最初のひと掻きは，こんな感じだったかな。いやこういう感じかな。そうだ，その前に少し眠ることにしよう。

# **74** 別れ，それから

　このようなところならもっと早く来ればよかった。カウンセリングを受ける前，かなり迷っていた。そして，終わりは終わりでとても抵抗したけれど，あれから1カ月，カウンセリングに行かない生活を送っている自分がいる。カウンセリングという場を失うことによって，また，悲しい気分に満たされるのではないだろうか，不安になったらどうしよう，いやパニックになってしまうかもしれない，考え始めれば，きりがないほど他にもたくさんの心配をした。それなのに，予想していた事態や驚くようなことは起きていない。少しは落ち込むこともあるけれど，自分なりに対処ができる範囲だ。悲しくなることもあるけれど，自然におさまる。では，あれはいったいなんだったのだろう。

　期間の差にいくらか違いはあっても，カウンセリングの終結まで辿り着いた方であれば，このような状態に落ち着くことは当然のことといえます。人間は，いろいろ心配をします。それも，目の前に起きていることに限らず，こころの中で。そう，一番怖い世界は，こころの中での想像かもしれません。どのようにも考えることができますから。そこでは，良いイメージを持つこともできますが，恐怖や不安を膨らませることも簡単でしょう。しかし，カウンセリングを受けたあなたは，それをしません。困った時の**対処法**\*が身についています。想像も良い形で描きます。

　たいていの方は，日々の営為に気持ちが向かい，そういえば，昔カウンセリングを受けたことがあったなぁ，と懐かしむものになっていくよ

うです。そうはいっても生きてゆくなかではいろいろなことがあるもの
です。終結の後，ひとりでは対処が難しい，と感じることが起きたとき
は連絡をください。扉は，開けておきます。

# 附．落ち穂拾い

# 75 お世話になったので年賀状を出したいと思います

　「お世話になりました」「その後も元気でやっています」，このような年賀状をいただくことがあります。終結を迎えて別れた方，あるいは何かの事情で中断された方，どうされたかなと思いながらも，こころの中で一緒に歩んだクライエントのよりよい前途を祈るしかありません。そんなクライエントから，年賀状で近況を知らせていただくことは，うれしいことです。そのうれしさを受けて，筆者は年賀状や季節の挨拶状にだけひとことだけ添えて返事を出しています。今のところはそうしています。筆者の，今あるこころがそうしているのです。

　しかし，この返事に関してはかなり慎重に考えています。いろいろ，気持ちが動かされるから返事は出さないという考えの人もいます。わからないではありません。うれしさを受けて，何も考えずにする行為であれば問題が残るでしょう。お互いにやりとりをするという**契約**\*は**治療関係**\*を終えた時点で終わっているからです。すげなくしているのではありません。返事が出せるときはよいでしょう。ところが治療者の引っ越しなど，何かの事情で出せないときに，クライエントをがっかりさせないともかぎりません。ほかにも，いろいろなこころ模様が考えられます。やはり，何もせずにいただいた相手の幸せをこころの中で祈っているほうがよいのかもしれません。修行途上の筆者の課題です。

　一方，返事が欲しくて手紙を送ってこられる方があります。たいていは，長い長い手紙です。内容も入り組んだものが多いという特徴があります。せつせつと苦しい近況が書かれていたりしています。このような

手紙はやはり困惑します。なぜかというと，相手は，紙上カウンセリングを望んでいることが多いためです。当然，返事が来ることを期待して書かれています。しかし，そこで治療者が安易に返事を書くことは逸脱した行為であり，その時は良くても，のちに収拾がつかないことが起こる可能性があります。では，どうしているかというと，とても大変な様子であれば，再度カウンセリングにいらっしゃいませんか，と記した返事を出します。そして，このようなことは，治療経過か終結に何か課題を残したためであると振り返ります。実際，そのとおりであるからです。

　終結後のことに関しては，治療者によってさまざまな考えがあります。できれば，治療中に話題にできるとよいでしょう。

　治療者に出した通信に返事がなくてもがっかりしないでください。あなたを忘れているわけではないのです。あなたの幸福や無事を祈っています。

## 76 気に入った先生なので，たまには友達として会ってもらいたい

　面接の場が友好に進んでいるときや終結期に，このような申し出を受けることがあります。前項の手紙同様に，その気持ちはわからないでもありません。普段の人間関係で自分の話に存分に耳を傾けてくれる人は少ないでしょうから。

　では，治療者が友達になるとどんなことが予想されるでしょう。話を聞いてくれる良き理解者としてはベストかもしれませんが，友達ゆえに思いっきり気持ちが出せなくなったり遠慮してしまったりすることもあるかもしれません。最近は，人間関係で悩んでいる方が多いですから，クライエント側のそんなよけいな気遣いは負担でしょう。そのうえ，あなたが，もう会う必要がなくなったときはどうでしょう。生涯，カウンセリングや心理療法を受け続けることはまずありません。どこかで，ひと区切りがあるものです。あなたは，また新たな生活を始めることになります。そこに治療者の影はいらないと思います。いつまでも過去のあなたではありませんから（過去は過去として大事ではありますが），問題がおさまったあとも伴走をされていては，かえって困ることになると思います。ある一定の期間は，共に歩むけれど別れてなおよしです。はじめの項に書きましたが，「○さん，以前□△で悩んでいたけれど，その後どう？」などと，いつまでも昔の話を持ち出されるようではかなわないでしょう。

　治療者は，公私混同することなく，誠実に，本来の関係が有効に機能するためにも，友達関係ではないのです。偶然の出会い以外は，約束し

た時間に会う関係です。

　では，街なかなどで偶然に出会ったときはどうでしょう。どんな対応を希望されますか。治療者側は，自然に会釈ぐらいはしてその場を失礼しようと思います。なかには，偶然，街なかで出会ったとしても挨拶<ruby>挨拶<rt>あいさつ</rt></ruby>はいりませんという方もいます。その気持ちも尊重していきたいと考えています。相談が進行中も終結後も同様です。大切なことは，治療を通して学んだほどよい関係を，普段の人間関係で築いていくことであると思います。お互いに困ったときに，さりげなく聴き合える友人関係はいいものです。

## 77 カウンセラーは，たくさんの人の相談にのっていて疲れませんか

　正直に答えれば，疲れることもあります。たとえば，一日にあまりに多くの方がいらっしゃった日や危機的な状況への対応が重なったときは，やはり疲れを感じます。カウンセリングや心理療法という仕事は，何かのマニュアルに沿っていくとか，事務的な手続きで進められるものではなく，人間の感情が介在するため，身体よりも精神的な疲れを喚起しやすいといえます。

　ほかにも，治療者はたくさんの人の話を聴いて混乱しませんか，とか，おかしくなったりしませんか，といった質問を受けることがありますが，そういうことはありません。それは，どれだけたくさんの方がみえても，また同質の訴えがみられても，よく話を聴いていけば，訴えはそれぞれ異なっていますし，その背景が同じである方はひとりもありません。ですから，溢れるほどの話を聴いても，混乱したりおかしくなるというようなことは，ありません。

　ところが，治療者の抱えている問題と，クライエントが抱えている問題が，ある部分重なることがあります。そういう場合に，そのことに関して治療者側で自覚（気づき*）がないと，なんだか心地悪い気持ち（共揺れ*，共振*）がして，うまく治療が進まないことがあります。人間は，自分のこころの中で起きていることを，すべて把握できているわけではありません。ですから，心地悪い気持ちの源に気づいていないところに問題があるのですが，初心者の頃は，そのようなことが起こりがちであるといわれています。もちろん，経験を重ねても共揺れ状態が起

こることはあるので，治療者は，そこで発生していることや，その時ど
んな感じを持っているのかに関して，いつもこころ配りをしていかなけ
ればなりません。

　とにかく，たくさんの人の話を聴くことで，混乱したりおかしくなっ
たりしてしまうようでは，治療者としては，やっていかれないことにな
りますし，カウンセリングの場ではクライエント・ファーストです。

# 78 カウンセラーは悩んだりしないのですか

　カウンセラーも人間ですから，悩むことはあります。人生の**発達課題**\*は誰の上にも訪れるものですから，クライエントの皆さんと同じように，一つひとつ乗り越えていくことになります。ほかにも，折々，さまざまな問題を抱える機会はいくらでもあります。人との関係で悩むこともあれば，家族の問題で苦慮することもあり，職場で困り事が起こることもごくごく普通にあることです。カウンセラーや治療者になるまでに，それらの課題はすっきりさせて，ということが可能ならばよいのですけれど，現実はそうもいきません。カウンセリングや治療という営為に携わりながら，自己の課題は課題として取り組んでいく姿勢が求められます。

　このような具合ですから，クライエントとの場や関係に及ぼす影響を最小限にすることが大切です。つまり，カウンセリングのような仕事に就いていなければ，もう少し，もう少しと先延ばしできる自己の課題も，早めに**対処法**\*を考えていく必要が出てきます。そのようなときの対処法として，次項のような教育分析というものを受けます。治療者自身が自己分析を受けるのです。そして，問題と向き合い，解消なり軽減なりしていく機会を得ます。

# 79 カウンセラーのこころの健康はどうなっているのですか

　前項で，カウンセラー自身の悩みに関しては記述しました。ここでは，カウンセリングや治療機関という限定された場を持っている，カウンセラーや治療者のこころの健康についてお伝えしましょう。

　治療の場では，実にいろいろなことが生じます。そこで，治療に携わる者は，指導者（**スーパーヴァイザー**\*）について，療法そのものを見直す機会（**スーパーヴィジョン**\*）を持ちます。治療全体を見渡したり，ある局面を別の角度からみてもらうことが可能です。その結果，そこで何が展開されているか，気づいていないことは何であるか，強く主観に彩られた面接になっていないか，窮状にどう対応していくかなどについて，的確な示唆を受けます。あるいは，気づくきっかけを得ます。スーパーヴィジョンでは，スーパーヴァイザーとこのように進めていきましょうという約束（**契約**\*）をして，一定の料金を支払って受けます（次に記すグループスーパーヴィジョンでも同様です）。お互いを知っている間柄でも馴れ合いの関係では行われません。契約といった枠を設ける体験が，クライエントとの場で生かされるからです。

　スーパーヴァイザーは，治療に関する経験が深く研究心もあり，人間的にも柔軟であったり幅があったりと，成熟した方がなることが多いものです。また，上記のように１対１での見直し（個人スーパーヴィジョン）のほかに，スーパーヴァイザーを中心とした数人で治療を検討するもの（グループスーパーヴィジョン）もあり，全く同じではありませんが，同質の効果が得られます。このシステムは，治療者の精神衛生に役

立ちます。カウンセリングや心理療法に携わるためには，こころの健康は大切な要素です。真摯な治療者であれば，このように積極的にクライエントと進めている治療を振り返る機会を持っています。

それから，治療者自身のなんらかの問題や発達課題に関して，分析や検討する機会（**教育分析**＊）もあります。教育分析でも，分析者と契約をして一定の料金を支払うなど，クライエントの立場になって臨みます。そこでは，気づきにくい自己の無意識的な**コンプレックス**＊，**葛藤**＊，**欲求**＊などやウイークポイントを深く見つめていきます（**洞察**＊）。クライエントとの心理療法が有効に機能するように，また治療者のこころの健康が保たれるように，と意義のあるものです。本来，教育分析はかなり厳密なもので，精神分析家を志す者が受けるものとされていましたが，制度上の問題や教育分析家の不足などにより，近年その対象がゆるめられています。

上記のようなスーパーヴィジョンや教育分析を通して，治療者のこころの健康が維持されます。そのほかに，普段の生活にちょっとした息抜きを用意している方も多いものです。コンサートに行く，オペラを観る，映画を観る，あるいは自身が楽器を演奏したり踊ったり，温泉がなによりという方もおり，それぞれ工夫がしのばれます。

# 80 カウンセラーの集まりに参加してみよう

　カウンセラーや臨床心理士の世界は，学会や研究会が盛んです。その数といったら，よくぞこれほどあるものだと感心させられるほどです。花の金曜日もウイークエンドもおかまいなしです。きょうも，きっとどこかで熱心な仲間が集まって，クライエントに良い面接が提供できるようにと思案しているはずです。

　さて，このように数多あるなかで，一般の方が参加できる機会があります。そのひとつに，公益財団法人日本臨床心理士資格認定協会[注1]が主催する「心の健康会議」があります。年ごとにテーマを掲げ，そのテーマに応じて，外からさまざまな世界の方をシンポジストとして招いて，情報発信の機会を提供しています。詳細は日本臨床心理士資格認定協会のホームページなどでご確認ください。

　ほかにも，各学会の開催時に，一般の方が参加できるように枠を設けていることがあります。そのような情報は，一般社団法人日本臨床心理士会[注2]のホームページに掲載されることもあります。

　また，新聞や大学の公開講座で，カウンセラーの講演案内を見かけますので，現代社会に則したお役立ち情報も満載です。気持ちの向くものがあれば出かけてみられてはいかがでしょう。雰囲気を味わうだけでもよいと思います。

注1) 公益財団法人 日本臨床心理士資格認定協会
（Foundation of the Japanese Certification Board for Clinical Psychologists）
〈連絡先〉
公益財団法人 日本臨床心理士資格認定協会
〒113-0034
東京都文京区湯島 1-10-5 湯島 D&A ビル 3 階
FAX：03-3817-5858
fjcbcp.or.jp/
※郵便でお尋ねをされる方は，返信用封筒にご住所・宛名を記し切手を貼ったもの
の同送をお願いいたします。

注2) 一般社団法人 日本臨床心理士会
（JSSCP: Japan Society of Certified Clinical Psychologists）
〈連絡先〉
日本臨床心理士会事務局
〒113-0033
東京都文京区本郷 2-27-8 ユニゾ本郷二丁目ビル 401
E-mail office@jsccp.jp
https://www.jsccp.jp/
※郵便でお尋ねをされる方は，返信用封筒にご住所・宛名を記し切手を貼ったもの
の同送をお願いいたします。

# 用 語 解 説

## ● 90 度法

　面接の場での治療者とクライエントの位置関係。90 度法では，机あるいはテーブルの角を挟んだ場所にお互いが位置するので，両者の視線が直接交わされる機会が少なくなる。対人緊張が低く抑えられる利点がある。ほかに，治療者の前方にクライエントが位置する方法（対面法）をとる場合や，精神分析で用いられるようなクライエントの後方に治療者が位置する方法（寝椅子-横臥法）もある。また，子どもの場合，双方が前方を見る形で横に並ぶこともある。

　なお，通常の面接と心理検査施行時では，位置が異なることがある。

　治療者とクライエントの位置関係は，治療者の理論や技法に沿った方法が採用される場合もあれば，所属機関のやり方，室内状況により設定される場合もある。

## 【あ 行】

## ● あぁ，そうか体験（アハ体験；aha experience）

　思考過程を研究したビューラー（Bühler, K.）が唱え，のちにドゥンカー（Duncker, K.）や，ワラス（Wallas, G.）が論考を進めた。問題の解決や症状解消に際して，突然，その方策や因果などが浮かび，一気に収束・統合に向かう体験。ひとつの洞察過程。

　課題から洞察に至る過程が即時に起こるイメージであるが，実際表立っての目立つ動きは見えなくとも，こころの中では，課題が洞察へ向かうようなプロセスが築かれるなど，静かな準備進行段階を宿す。

## ● 意味の了解

　カウンセリングを受けるべくして受けたということが，明解に了解できること。クライエントの人生のうえで，日々追われる生活ではなく，ひとたび立ち止まって，あるいは日常生活を送りながら，カウンセリングを受けることで，しだいに，症状や問題が降って湧いたとか偶然とかではなく，必然であることがわかる。

## ●インテーカー（intaker）

　カウンセリングや心理療法を受けるために訪れた人に，初めて会う者。インテーク面接者とも呼ばれる。通常，インテーカーが行う面接を受理面接とも呼び，正式な面接および契約とともにスタートする面接とは異なり，区別される。

　インテーカーは，およそ次の6つの機能を果たす必要がある。

①初めて訪れた人のニーズを十分に聴く。

②訪れた人の問題や症状を的確にとらえる。

③把握した情報や見立てからカウンセリングや心理療法をどこで提供することが適切であるかを検討する（つまり，訪れた機関で受けるか，他の心理相談機関においての提供が適切であるかの判断）。

④継続カウンセリング，継続治療へのつなぎの見通し。

⑤医療機関への案内・紹介（リファー）の必要性。

⑥心理相談機関と医療機関との連携の可能性の模索。

　上記事項の検討・査定と同時に，これからカウンセリングや心理療法を受けようと考えている人に対して，安心感や信頼感はもとより，動機づけの補強や促進的な働きも担う。

　インテーカーとその後の継続面接者（カウンセラー・治療者）は同一のこともあるが，異なる場合もある。

　なお，このようなインテーク面接を，トレーニングの一環としてトレーニングを受けている者（トレイニー）が行うことがあるが，これからの進路のきわめて重要な役割を担う任務であるため，相応の力量や経験を積んだ者があたることが妥当である。

## ●インテーク面接（intake）

　受理面接とも呼ばれる。初めてカウンセリングを受けに，来室・来院した相談者に，特に困っていること，症状や問題が起こるまでのことや，カウンセリングに何を期待しているかなどを聴く機会（面接）。

　▷ cf. インテーカー

# 【か行】

## ●絵画療法（painting therapy）

　芸術療法とも呼ぶ。絵画あるいはクライエントが描画する過程や描かれた作

品の特性を利用した心理療法のひとつ。

　その過程において，言語化に限界がある幼児や，幼児ならずとも言葉を介した表現が難しいクライエントは，絵を描く過程そのものが治療の役割を果たす。代償やカタルシスの効果も見出されている。絵画や描画といった素材を媒介として治療者–クライエント間の感情交流が促進される。

　また，描かれた作品には，イメージを通じて解放された感情，葛藤や欲求，思考や行動など自我や自己が表される。その自己を取り巻く環境が表されることもある。

　自由画，課題画，構成画，模写があり，クライエントは，画用紙に鉛筆（色鉛筆），クレヨン，サインペン，水彩絵具などを使って画を作成する。

　絵や図を描く過程や作品から，クライエントのパーソナリティ特性を読みとり，治療の助けにするひとつの療法。

## 解釈（interpretation）

　クライエントが気づいていない，あるいは気づこうとしないこころの様子（症状や問題の意味）を知らせること。また，その意味を理解してもらうためのもの。技法のひとつでもある。

## 外的な問題

　本書では，ある悩み，ひとつの症状など，意識が向いている問題。

## 外的変化

　洞察やもののとらえ方（認知）の組み直しのような心の中の変化に対して，実際に症状が軽減したり，問題が解消したりすること。外的変化と内的変化は連動する。ひとつの問題を違った角度からみることができるようになる（内的変化）⇔問題が軽くなる，解消する（外的変化）⇔もはや問題ではなくなる（内的変化）。

　▷ cf. 内的変化

## カクテルパーティー効果（cocktail-party effect）

　周りで多くの情報や会話が発せられていても，自分に必要な情報や会話だけを聞き取ることができること。つまり，人間は日常の多くの刺激（知覚）から特定の刺激（知覚）だけを選択していることになる。この情報の選択的処理に

は，注意（attention）が機能している。

## ●学派

研究者らにより構築された独自な理論背景と，それをひとつの基盤としたまとまり。

　※フロイト派（Freudian），新フロイト派（Neo-Freudian），ロジャーズ派
　　（Rojerian）
　　▷ cf. 治療法

## ●家族面接

クライエントと家族成員に来室してもらって進める面接。治療者対クライエントを含めた家族成員というように1対2，あるいはそれ以上の成員で進める場合と，治療者側が2人対家族成員というように2対2，あるいはそれ以上の成員で進める場合などがある。

通常，家族を面接の場に招じ入れる場合，クライエントの同意を得る。

なお，クライエントの申し出により，面接に家族が加わることがある。この場合，あらかじめ治療者に伝えておく必要がある。

家族面接により，クライエントと家族成員のありようがとらえられるなど，治療の一助となることがある。

家族療法とは異なるものである。

　　▷ cf. 夫婦面接，合同面接

## ●家族療法（family therapy）

家族療法では，家族を個々の成員の集まりとしてとらえるのではなく，ひとつのシステム，単位としてみることから始まる。

そこでは，家族のひとりが問題であるとか，誰が病的であるというように，一人ひとりの非を探すことはせず，全体がどのような機能状態にあるのか，どのような方向に向かっているのか，成員間の力のバランスはどうであるか，などをとらえていく。家族の中で際立って不調の成員がみられるとき，その成員に家族の病理が反映していると考える。そこで，家族全体のバランス調整を試みると，不調の成員が回復へ向かうような変化が家族内で生じる。

家族はひとつの有機体システムであるので，生体内の恒常性を維持するようなホメオスタシスの機能が，家族内にも在るとの考えに立つ。

近年，さまざまな学派があり，その理論や技法も多様である。

## カタルシス（cathersis）

　古代ギリシャにおいて，アリストテレス（Aristoteles）が，悲劇の上演が観客に与える影響（心理的解放感）について表したもの。カタルシスは浄化の意。
　カウンセリングなどサポーティヴな条件や環境のもと，悩みや苦しみ，傷ついたり抑え込まれて（抑圧されて）いる感情や体験を意識化し再体験するとき，あるいは，言葉で表出することにより，こころが解放されたり洗われたかのような状態になる過程。

## 学校臨床心理士

　⇒スクールカウンセラー

## 葛藤（conflict）

　人のこころの中に，同時に相反する気持ち（欲求や衝動など）が存在している状態。双方の力の強さは，ほぼ同等である。また双方を同時に満足させることはできない。
　レヴィン（Lewin, K.）は，葛藤を三型に分けた。
　①接近-接近…山にも行きたいし海にも行きたい，というように双方に魅力を感じるもの。
　②回避-回避…雨降りの日の外出も望まないが，雨降りの日に家にこもっていることも望まない，というように双方とも避けたい感じがするもの。この状態からは，逃避の手段がとられることがある。
　③接近-回避…冬山登山は魅力があるが遭難は怖い，というようにこの葛藤は不安を生起させやすい。
　葛藤は，人が生きていくうえで，たびたび体験される心理的現象であるので，葛藤に際しては，見ないようにしたり，ないものとするのではなく，どのように対処することがよりよいかについて取り組む姿勢が大切である。

## 家庭教育支援システム

　文部科学省は，乳幼児期の親子のきずなの形成に始まり，基本的な生活習慣や倫理感，社会的なマナーの育成などの目的のもとに，以下のようなさまざまな施策を試みている。

　　・家庭教育子育て支援推進事業…都道府県・市町村における事業展開
　　　①家庭教育に関する電話相談等の実施
　　　②子育て支援ネットワークづくりの推進
　　　③親子の共同体験の機会の充実
　　　④父親の家庭教育参加の支援促進
　　・家庭教育カウンセラー活用調査研究…専門的な知識や能力を有するカウ
　　　ンセラーを活用し，家庭教育に関する相談体制の充実強化を図るための
　　　調査研究を都道府県に委託。
　　　臨床心理士も支援に加わっている。
　　▷ cf. 子育て支援システム

## ●感情の反射（reflection of feeling）

　クライエントの話の中に含まれる感情を，カウンセラーが映し出して伝える
こと。この場合，クライエントがその感情を無意識に表出したものであれば，
カウンセラーが映し出すことで，それが自己の感情であるという感覚を得るな
ど，意識化され，気づきへと促すプロセスになる。

## ●関係性の理解

　内的変化と外的な問題には，つながりがあるということを理解すること。た
とえば，いつも人から困ることをもたらされること（外的な問題）に悩んでい
たクライエントが，カウンセリングを受けたことで，「困らされる状況は，黙
して何も言わない自分自身にも原因があったからだ。そのことに気づいて（内
的変化が起きて）からは，それまでのような困ることが少なくなってきた。そ
ういえば，困る立場に立たされないように対処できるようになったからなの
だ」というように，内的なものと外的なことの関わりが理解できるようになる
こと。

## ●緘黙症

　発声，構音上の機能に問題はなく，言語の習得も行われ，その能力を有して
いるにもかかわらず，言葉を発しないこと。幼児期や学童期に出現することが
多い。
　場面，状況にかかわらず全く発語のみられない「全緘黙」と，特定の場面や
相手にのみ話をしない「場面緘黙（選択性緘黙）」がある。

　主に場面緘黙の背景には，母親からの分離不安や社会性の発達上の問題が考えられている。また症状出現以前に，なんらかの言語表現に関わる外傷経験が契機になるなど，心因が注目されている。

## ●期間

　時間・頻度・場所・料金とともに，心理療法の要素（枠構造）のひとつ。期間は，（時間制限心理療法，短期力動精神療法などを除き）他の構成要素に比べて，設定の難しさを有する。治療者側から一段落のおよその目安を伝え，その時期を迎えたときに，治療者クライエント双方で見直すことが通例である。

## ●気づき（awareness）

　その時々で，起こっている自己の感情や思考をわかること，知ること，またそのプロセス。クライエントは，気づくことにより問題に整理がついたり症状の軽快につながる。カウンセリングの大切な一目標でもある。

　治療者自身は，できるかぎり，自己の感情や思考に気づくことが治療を進める前提となる。そのために，スーパーヴィジョンや教育分析など，気づき（意識を向けること）のトレーニングを受けることが大切である。

## ●技法（technique）

　心理療法の技法や心理検査の技法を指す。心理療法や心理検査を施行するうえで，その基盤となる方法。技法は，先行研究者らの理論による定式化したモデルがある。

　心理検査では，施行時，検査者の持ち味といった個人的な要素はいっさい持ち込まれない。心理療法では，定式化したモデルの上に治療者の妙味がプラスされることがある。

## ●教育分析（training analysis, educatinal analysis）

　フロイト（Freud, S.）が，精神分析の方法を確立する過程で，自ら無意識の分析を行い，編み出したもの。分析者は，教育分析を受けることや，自己理解を深めることの必要性を説いた。教育分析とは，本来は精神分析家を志そうとする者が，自ら精神分析を受けることを指す。

　しかし，わが国においては，日本精神分析協会が定める資格を有している教育分析家がきわめて少なく，精神分析教育の制度も確立していないため，諸外

国と同等の分析教育は困難な現状にある。そこで，経験豊かな分析者が分析を行うことが実情であり，それを教育分析と呼ぶ。

　治療者が自らを分析することには限界があるので，他者から受けることには意義がある。自分自身のパーソナリティの特性を客観的に認識し，それが治療の場でどのような働きを及ぼすかについて理解していることは大切である。

## ●共振
　⇒共揺れ

## ●クライエント（client）
　相談者・来談者など，カウンセリングや心理療法を受けに訪れる人の総称。カウンセリングを受ける人の志を尊重し，人としては同格であるとの考えから，あえて患者と呼ばないところにカウンセリングの哲学があるとされる。病院で患者とされる人にも，クライエントと呼ぶことが多い（cf. 本書冒頭「本書の表現について」）。

## ●クライエント中心療法（client-centered）
　ロジャーズ（Rogers, C.R.）によって提唱されたカウンセリングのひとつの立場。クライエントの生育歴に着目したり，問題を細かく分析したりするのではなく，十分に聴く姿勢と今この場（here and now）を重視する。その基盤には，クライエントの持つ潜在能力や成長する力への信頼がある。

## ●継続面接
　1回および少ない機会で終わらない面接。インテーク面接を終えた後，一定期間続く面接のことを指す。通常，カウンセリングでは継続面接となることが多い。
　▷ cf. インテーク面接

## ●傾聴
　耳に入ってくる声や音を「聞く」のではなく，発せられるものを思わず身をのりだすほどに全身で「聴く」姿勢。
　このように十分に聴き届けられる体験は，クライエントの成長や変容（自己実現）を支える。

## ●契約
　治療契約（treatment agreement）を指す。カウンセリングを始めるに際して，時間・頻度・期間・場所・料金について，クライエントと治療者の双方が話し合い確認すること。契約は，のちの行き違いを防ぎ，クライエントを守るものでもある。

## ●健康保険適用の治療
　カウンセリング（心理療法）は，日本の保険医療機関において，健康保険が適用されることがある。健康保険は，1961年に確立され，国民皆保険とも呼ばれており，日本の公的医療制度である。当該保険に加入する被保険者が，保険医療機関における医療が必要となったとき，その医療費の一部を保険者が負担する。
　カウンセリングの施行者は医師であることもあるが，医療機関においては，臨床心理士が医師の依頼のもとで行うこともある。なお，保険が適用される場合，施行時間や面接頻度が限定されることがあり，本来のスタイルとは異なることがある。
　▷ cf. 自由診療，料金，診療費

## ●現実の自己
　主観的なイメージやなんらかのフィルターによって歪められていない真の自分。
　現実の自己は，よいとする面もそうでない面もそこに在ることに意義がある。
　現実の自己を受け容れることは，カウンセリングが目指す目標・着地点のひとつでもある。
　▷ cf. 理想の自己

## ●合同面接
　クライエントと治療者という具合に1対1ではなく，クライエントとその家族成員，あるいはクライエントと上司など，複数の人が同じ場所，同じ時間に集まって進める面接。治療者側も1人で臨むのではなく，2人で取り組むことがある。
　▷ cf. 夫婦面接，家族面接

## ●行動療法 （behavior therapy）

　精神分析では，抑圧された感情や葛藤，コンプレックス，体験などが，症状や問題，不適応な行動を引き起こすとされているが，行動療法においては，学習によって，あるいは誤った学習などによって獲得されたものであるとの考えに立つ。

　ゆえに，治療は，新たな学習と考え，行動を直接対象ととらえ，症状や，問題，不適応な行動を抱えるクライエントに新しい学習行動の機会を提供する。具体的には，新たな学習のトレーニングを重ねることになる。トレーニングの段階は，目標に向けて小さなステップが組まれる。

　他方，精神分析派からは，症状や不適応な行動にウエイトを置くため，その根幹部分の問題が残され，再発の可能性が示唆されるが，行動療法派からは，行動が変わること自体に意味があり，十分な成果があげられると論じられている。

　▷ cf.　スモールステップ・プログラム

## ●個性化の過程 （individuation process）

　人が人としての分化・発達の過程を歩み，よりその人らしくなっていくこと。

　コグヒル（Coghill, G.B.）は，生物一般に関して「最初期に全体的行動を示すが，しだいに分化していき，さらに高次の統合された行動へと発展していく」と定義した。

　一方，人は行動にとどまらずこころを伴うが，ここでは「分化」が意味を持つ。分化によって形造られるからである。

　ユング（Jung, C.G.）は，人の意識の中には集合的無意識が在り，発達に従い，それが意識化されて，まとまりを持った人格になるとした。そのプロセス，その人らしさへの歩みを個性化の過程（individuation process）と呼ぶ。個性化の過程は，カウンセリングの目標のひとつでもある。

## ●子育て支援システム

　厚生労働省児童家庭局によって，児童相談所，地域子育て支援センター（子育てひろば），児童家庭支援センター（子ども家庭支援センター）が設けられている。

　上記は，地域の児童相談所をはじめ保育所，市町村保健センター，教育相談所とも支援・連携関係にある。このシステムの発展を願い，日本臨床心理士会

では「子育て支援専門委員会」が作られ，臨床心理士を派遣するなど積極的な姿勢を示している。

　戸惑いながら子育てをしている母親を，見過ごすことなく支援するように設けられたシステムである。

　▷ cf. 家庭教育支援システム

## ●コンプレックス（complex）

　観念複合体と訳されている精神分析用語。個人の無意識の中において，喜び，悲しみ，怒りなどの強い感情（一定程度の強い情動）を中心に集まっている一群の内容，そのもの。

　フロイト派（Freudian）では，人は，それが意識化されると苦痛であるため，抑え込んで（抑圧して）いるとされる。ユング派（Jungian）では，人生に共通する集合的無意識である元型（genotype：行動の基盤を作っているもの）との関係が重視される。

　治療では，自我との統合や対処のあり方が課題になる。

# 【さ 行】

## ●催眠療法（hypnotherapy）

　催眠現象を用いた心理療法の一技法。催眠療法では，一定の手続きを経て，意識を覚醒状態から催眠トランスと呼ばれる催眠状態にもっていくそのプロセスに特色がある。そのプロセスにおいて，生理的機能や心理的機能に心身の弛緩（緊張の緩和）や被暗示性の亢進などの変化がみられ，治療効果が期待される。

　また催眠療法では，脱感作や自律訓練法，行動療法など他の療法と組み合わせて施行することによる効果もみられるといわれている。さらには分析治療の自由連想などを促進するために適切な管理のもと医師により薬物が併用されることもある。

## ●作業検査

　一定の検査場面で指示に沿って作業を行い，その経過や結果からパーソナリティをとらえていこうとする検査。作業検査にはいくつかの種類があるが，ドイツのクレペリン（Kraepelin, E.）による研究をもとに，日本の内田勇三郎が

開発した内田-クレペリン精神作業検査が利用されている。

　▷ cf. 性格検査，適性検査

## ●サポーティヴ（supportive）

　クライエントが抱えている症状や問題の解明を第一とするのではなく，クライエントそのものを，受容的，共感的に支えること。

## ●シェイピング（shaping）

　⇒スモールステップ・プログラム

## ●時間

　頻度・場所・期間・料金とともに，心理療法の要素（枠構造）のひとつ。時間を一定にする（時間に枠を設けること）により，クライエントは，カウンセリングの時間を自己のための時間として使うことができる。時間は，クライエントを守ることにもなる。つまり，予め約束した枠内の時間は，クライエントのものである。その時間，治療者は目の前のクライエントのことに集中する。

　一方，遅刻をすることにより，守られる（クライエントだけに用意された）時間を減らしてしまうことの痛みも，クライエントが引き受けることになる。それは，人と適切な関係を築く基盤を育むことになる。

## ●時間制限心理療法（time limited psychotherapy）

　ランク（Rank, O.）やマン（Mann, J.）によって創始された心理療法。人生は有限であるので，治療時間もそれに応じて有限とする考えに立つ。マンは，治療時間（総面接回数）を12回と限定し，治療者とクライエントは，開始前にカレンダーに，12回目（最終治療日）と治療日程を確認しあうところに大きな特色がある。12回の間には，いくつかの局面が見出され，それを越えることに意義を持つ。

　当初，ランクは，精神分析の初期の面接を有限に設定することにより，クライエントに分離の機会をもたらし，それが分離不安の治療に役立つと考えた。

　実際の治療時間は，必ずしも12回との決まりはなく，ベラック（Bellak, L.）は6時間，シフネオス（Sifneos, P.E.），マラン（Malan, D.H.）らは，15〜40時間と諸説が編み出されている。

　※短期力動精神療法と表現されることもある。

## ● 時間枠
　⇒時間

## ● 施行法
　心理検査をどのように進めるかについての方法。実施する検査によって，また，個人と集団では，その方法も変わる。

　質問紙に答える質問紙法では，個人・集団を問わず，質問の答え方の説明を受けたあと，その説明に沿って回答者自身が質問を読み，一定の時間内に，あるいは回答者のペースで答えていくものである。

　一方，投影法と呼ばれる検査は，検査者の指示に沿って，検査者と共に課題を進めるものや，説明を受けたあと，その説明に沿って，クライエントがひとりで課題に取り組むものなどがある。どのような心理検査でも，始めるまえに，検査のやり方について十分な説明がある。
　▷ cf.　質問紙法，投影法

## ● 質問紙法
　対象を設定するなど，まとまりを持った一連の質問に，回答者が答えられるように質問事項が印刷された用紙を質問紙と呼ぶ。これを使用して，個人や集団の心理的特性やバランスなどをとらえ理解しようとする方法を質問紙法という。さまざまな検査に用いられるが，時に，回答者により回答が恣意的になることも否めず，検査の信頼性の問題は課題となる。
　▷ cf.　投影法

## ● 自費診療
　⇒自由診療

## ● 終結期
　継続してきたカウンセリングや心理療法を，仕上げて終える時期。カウンセリングや心理療法の過程は，前期・中期・後期と分けることができる。そのあとの最後の時期を終結期（終期）と呼び，時に，それまでの成果の成否も担う大事な時期である。

## ●自由診療

日本の健康保険制度の医療給付によらない診療のこと。カウンセリング（心理療法）施行料全額を自らが支払うため，自費診療とも呼ばれている。現行の保険医療制度では，カウンセリング（心理療法）を主たる対象とした場合の診療報酬が確立していないため，希望者本人による自費の形をとって提供しているところがある。そのような診療の形を自由診療と呼ぶ。

たとえば，医療機関の医師が薬の処方は保険制度で行い，カウンセリングを自由診療で行う二本柱の体制をとって対応するなどである。その場合，医療機関の臨床心理士が，医師の依頼のもと自費診療の形で，カウンセリングを行うことがある。

他方，医療保険制度の一部負担の枠内でカウンセリング（心理療法）が行われることもあるが，施行時間や面接頻度が限定されることがある。

▷ cf. 健康保険適用の治療，料金，診療費

## ●主体

考えたり，行動したりする際のもとであること。「自分の考え」「自分の考えで自分が行動する」など，他の誰でもない自己がその源であるとき，主体的であるといえる。

## ●守秘

⇒守秘義務

## ●守秘義務

相談や治療に訪れたクライエントの秘密を守ること。一般社団法人日本臨床心理士会倫理綱領第2条に秘密保持の条項があり，また，公認心理師法第41条にも秘密保持義務の条項がある。このような倫理規定で遵守を促されなくとも，クライエントの秘密を守る，配慮する姿勢は，当然のわきまえである。

## ●受容（acceptance）

ロジャーズ（Rogers, C.R.）の提唱した概念。クライエント中心療法において，カウンセラーの基本的な営為。

ひとつは，クライエントのいかなる表明や訴えであっても，評価や批判などをすることなく，ひとまず耳を傾け受け容れようとする姿勢。さらに，受容は，

クライエントを全人的に尊敬する姿勢にも通じている。その結果，クライエント自身は，自己の受け容れがたい感情を受け容れることができるようになり，ひいては他者に対しても受容の姿勢が培われるとされる。

▷ cf.　クライエント中心療法

## 浄化作用（catharsis）
⇒カタルシス

## 情緒的洞察
　頭（考えること）で，症状の成り立ちやものごとの因果を理解しようとするのではなく，抑圧されている感情や体験を，再体験したり解放するカタルシスなどを経て洞察を得ることを指す。知的洞察だけでは不十分で，情緒的洞察を伴ってはじめて本来の治療の意義があるとされる。

▷ cf.　知的洞察，洞察，カタルシス

## 情動の対処可能性
　漠然とした不安におそわれる，わけもなく悲しくなる，ふいに気分が落ち込むなど，情動（不安・悲しみ・ゆううつ・怒りなどの感情で，時に強さも伴うもの）に対して，自分自身でどのように対処すればやわらげたり乗り越えたりすることができるかがわかること。適切な対処を重ねることにより，根本の症状や問題も消失しうる。なお，このような対処は，カウンセリング（心理療法）などの洞察により得られる。

▷ cf.　衝動のコントロール

## 衝動のコントロール
　突然何かの行動に走ってしまったり，なんらかの強い感情にこころが揺らされるような不安定な状態を，自分自身の対処により，鎮めたりやわらげたりできること。適切なコントロールを重ね，維持することにより，根本の症状や問題も消失しうる。このようなコントロールは，カウンセリング（心理療法）はもとより，行動療法や認知療法などの洞察や調整によっても得られる。

▷ cf.　情動の対処可能性

● **信頼関係**

　ここでは，クライエントとカウンセラー（治療者）が，お互いにひとりの人間として尊重しあい，感情や意見を含めたコミュニケーションが十分にとりあえる関係を指す。なお，このような信頼関係は，クライエントとカウンセラーに限ったことではなく，日常の人間関係でも築くことができる。

● **心理検査**

　⇒性格検査

● **心理テスト**

　⇒性格検査

● **診療代**

　⇒診療費

● **診療費**

　病院や診療所など保険医療機関において，治療を受けるときに支払う費用のこと。健康保険が適用されることがある。その場合，診療費は全額負担ではなく，一部負担になる。

　他方，カウンセリング（心理療法）のみを行っている期間では，面接料とか面接料金，カウンセリング料とかカウンセリング料金と呼び，医療給付外の扱いとなる。

　▷ cf. 自由診療，健康保険適用の治療，料金

● **スーパーヴァイザー（supervisor）**

　修行途上の治療者が，関与しているクライエントとの関わり方をはじめ，その修行中の治療者の人間的成長や成熟促進を目指して指導する者。スーパーヴァイザーは，十分に習熟した専門的技術の継承と，人を育てる慈愛深い人間性を併せ持つ力と器を要する。

　指導を受ける立場にある者を，スーパーヴァイジー（supervisee）と呼ぶ。

　▷ cf. スーパーヴィジョン

## ● スーパーヴィジョン（supervision）

　心理の仕事は，知識や技術，人生上の経験だけで携われるものではない。そこには，深い人間性も問われる。さらに，適切で良いものを提供するには，実践が必要とされる。臨床の場においての実践も必要であれば，知識や技術，人間性の集大成を目指す実践も必要である。その実践において有効とされるのが，良き指導者につくことである。そのような機会を，スーパーヴィジョンと呼ぶ。良き指導者のもとで，自己が関与しているクライエントに関する取り組みの指導にとどまらず，思いがけず自己の成長や成熟の機会を得ることがある。貴重な機会といえよう。

　スーパーヴィジョンには，個人で受けるスタイルとグループで受けるスタイルがある。

　▷ cf.　スーパーヴァイザー

## ● スクールカウンセラー（school counselor）

　1995（平成 7）年，文部省（文部科学省）が，調査研究事業として公立の中学校にスクールカウンセラーを配置した。その調査研究の期間に，スクールカウンセラーが配置されている学校では，いじめや不登校生徒の増加率が抑えられるなどの効果が認められた。

　そこで，2001（平成 13）年 4 月からは，学校にスクールカウンセラーを置くことを前提とした新たな調査研究の時期に入った。さらに 2001（平成 13）年度以降，それまで主体であった国から都道府県に委嘱，都道府県の補助事業に国が補助をする形で進められることになった。

　配置校においては，主に臨床心理士が赴き，生徒へのカウンセリングにとどまらず，教職員との連携およびコンサルテーション，関係機関・学校外専門機関との連携なども行う。スクールカウンセラーは，きわめて専門性の高い職務で，研修会の機会を持つなど研鑽を積んでいる。

## ● スモールステップ・プログラム（smallstep program）

　問題や症状の消失，緩和のために，行動理論モデルを基盤に取り組むものとして行動療法がある。行動療法では，行動を直接の対象として，その変容にウエイトが置かれる。

　課題の提示過程，クライエントの反応過程，反応が良いか否かをクライエントに知らせるフィードバック過程の三要素を合わせたプログラムが組まれる。

あらかじめ定められたきわめて小さな（苦痛などを知覚しない程度の）課題が提示され，クライエントは，その課題からフィードバックを受けながら，一歩一歩進み，目標へ向かう。

スキナー（Skinner, B.F.）によって提唱されたシェイピング（shaping）は，上記プログラム学習の基礎である。

▷ cf.　行動療法

## ●性格検査

心理検査，心理テストとも呼ばれる。個人あるいは集団の情緒，欲求，葛藤，興味，適応能力など心理的特性やそのバランスをとらえようとするもの。

検査のやり方や結果の処理の仕方によっても，また測る目的のうえからもさまざまな種類に分類されている。

▷ cf.　作業検査，適性検査

## ●生活年齢（chronological age：CA）

暦年齢のこと。

▷ cf.　精神年齢

## ●成熟

⇒成長

## ●精神年齢（mental age：MA）

精神の発達に応じた年齢のこと。精神年齢は，知能検査によって測る。精神年齢を基盤に個人の中における生活年齢（暦年齢）に対する精神発達の遅れや進みの状況を検討することが可能である。

## ●精神分析療法

19世紀末，ウィーンの精神科医フロイト（Freud, S.）によって創始された神経症の治療法。当時の社会や人々の状況が要因とみられるヒステリーの治療や研究を通して形作られた。

技法の中核となったのは，自由連想法と夢の分析であった。そこから，こころには，意識・前意識・無意識の三層の構造があること，リビドーと呼ばれる本能的（性的エネルギー）の方向やその役割の解説，イド・自我・超自我・自

我理想という人格構造の概念などさまざまな精神の仕組みを探究，さらに，人間の幼児期を重視し，エディプス・コンプレックス（Oedipus complex）に着目した。精神分析は，これらの精神現象の論説を総じた理論体系を指す。

　フロイトは，多くの精神分析家や研究者の育成にも寄与した。

　精神分析療法では，症状や行動，自由連想により語られたこと，夢の報告などから無意識的な意味や象徴を探索していく。

## ●成長

　人間は，普通の生活のなかでも加齢や時間的経過に応じて，心身は，年齢相応にあるいは環境相応に適切な状態や望ましい状況に達する。ところが，その経過においてなんらかの支障が起きると成長や成熟に停滞，時として後退（退行）が生じる。

　そのような折，カウンセリングや心理療法を受け，その妨げになっている要因を取り扱うことで，年齢に応じた心身の状態や，成長や成熟という望ましい状態を獲得することが可能となる。

　▷ cf.　退行

## ●折衷派

　折衷主義とも呼ばれる。それは，特定の理論・方法・技法などに固定せず，ひとつの拠って立つ理論に他の理論のエッセンスを織り込ませたり，いくつかの理論，方法や技法の有効なところを吟味選定して，カウンセリングや心理療法を施行するもの。ここでの有効性とは，特定の理論において，ある面は有効で，ある面は無効ということではない。あくまでも，折衷的に行うのは，クライエントにとって，今，何が必要であるかを考慮するもので，対象のクライエントに有効であるかどうか，ということである。

　たとえば，わが国では，場に合わせて和服も着るし洋服も着るように，学校，病院，企業，あるいはカウンセリングの専門機関など，行う場によって対象は一様ではない。症状や問題への対応も同様である。

　折衷手法に関しては，いろいろ論議もあるが，心理の専門家はさまざまな理論や技法に精通し，時にそれらを組み合わせる能力も必要とされる。

## ●セルフヘルプ（selfhelp）

　自助とも呼び，自分ひとりで，あるいは仲間やグループのメンバーが集って，

互いのコミュニケーションを通して悩みや問題を軽減，解消しようとすること，する行為。仲間やグループのセルフヘルプでは，断酒や摂食問題など，同種・同質の悩みや問題を持つ者が集まるスタイルが多い。

　グループにおいては，「本人の意志が弱いからだ」などと批判されたり責められたりすることなく，メンバーは，共に困難に立ち向かうことで，相互に自己救済の道が開かれる可能性を模索する。

### ●想起（remembering, recall）

　人間は，以前に経験したこと，出来事，刺激を受けたことなどを，常に意識しているのではなく，前意識領域に記憶（保持）するメカニズムを持つ。それを，再び意識の上に想い浮かばせること。再生（recall, reproduction）と同義に扱われることがあるが，再生は，ある程度整った形の（明確性を帯びた）表出で，想起は，それよりも前のラフな段階の表出を示す。

## 【た 行】

### ●退行（regression）

　精神の発達にはその発達に応じて，それぞれの段階がある。退行は，ある発達段階よりも以前の（より未熟な）段階に戻ること。人により，過去に残された課題のところ（固着点・固着した段階）まで戻ることもあれば，精神の病気などにより，発達段階を，きわめて未熟な段階まで逆に進み，時にそれは乳幼児期にまで至ることがある。

　過去に残された課題（固着点）まで戻ることは，欲求（need）や要求不満（frustration）との関わりが注目されており，発達段階において遂げられなかったり乗り越えられなかった欲求・要求を満足させようとするこころの働きであるともいわれている。

　また，自我が，防衛的に，あるいは適応のために退行現象が起こることもある。

　このように，退行はさまざまなサインでもあるので，その背景を探索することに意義がある。

### ●対処
　⇒対処法

## ●対処法（coping）

　問題や症状が起きたとき，それをなくそうとしたり避けたりする試みだけでなく，あらかじめ，その問題や症状に対する気持ちや考え方，行動の仕方を現実的に検討し，より適応的に扱うなどの対応（対処）ができるように考案された効果的な方法。

　対応力（対処力）をつけることは，カウンセリングや心理療法が目指すことのひとつでもある。

## ●短期力動精神療法

　⇒時間制限心理療法

## ●知的洞察

　頭（考えること）で，症状の成り立ちやものごとの因果を理解しようとすること。

　▷ cf.　情緒的洞察

## ●知能検査

　知能は，①高度な抽象的思考力，②課題解決能力，③新しい環境に適応する能力とされているが，その時代や研究法によって知能の定義は変わる。本質的な知能の定義は難しい，といわれている。

　知能検査は，上述の能力を測る目的のもと，動作性（performance）と言語性（verbal）の分野に分けられ，実施方式も個別式と集団式がある。結果の数値は，個人のひとつの知的能力を表すが，絶対的，固定的なものではない。知能検査は，要約すると，新しい課題状況に対応しうる能力ともいえる。

　わが国では，鈴木・ビネー法，田中・ビネー法，ウェクスラー法（WISC〔Ⅳ〕，WAIS〔Ⅳ〕，WPPSI-Ⅲ）などが施行される。

## ●中断

　本書では，カウンセリングや心理療法を途中でやめることを指す。主に，クライエントの側が，中断の状況に至ることが多く，そこにはなんらかの原因を伴う。長く通っているのによくならないというものから，治療者の言葉に反応するものまでさまざまである。ほどよいところまで来ているにもかかわらず，終わりを言い出せずにやめてしまう場合もある。

やめたい（中断したい）気持ちは，前進へのチャンスでもあるので，治療の場でやめたい気持ちを表明し，十分なコミュニケーションをとることが大事である。

## ●治療関係

カウンセリングや治療を目的とした関係。クライエントとカウンセラー，クライエントと治療者などを指す。双方は，初めに約束を含めた取り決めをして，終えるときもお互いの合意のもとに終える。そこでは，本来の目的を完遂するために，通常の人間関係は持ち込まない工夫がされる。

## ●治療契約

⇒契約

## ●治療的関係

⇒治療関係

## ●治療法

各々の理論によって治療法にも違いがある。治療者が拠って立つ理論に沿った治療法そのものを実践している人もいれば，それぞれ理論の部分を取り出し，織り交ぜて施行している人もいる。治療法により，その治療の進行過程に違いがある。

▷ cf.　学派

## ●抵抗（resistance）

クライエントと治療者の間に信頼関係が築かれていても，クライエントは自己の困った問題や症状などを解消したいと思っていても，カウンセリングや心理療法において，治療を進める方向とは反対のこころの動きをクライエントが示すことがある。それを抵抗という。

たとえば，「この症状さえなくなればよい」と訴えるクライエントに，症状軽減上，効果が期待できる具体的な方策などを進めると，症状をなくしてしまうことそれ自体に不安を感じたりして，症状がなくならないような働きをしたりすることがある。また，面接場面においては，黙ってしまう，話題を変えようする，何も思い出せないと伝えられるなど，不自然な状態になることがある。

このようなことも，抵抗と呼ばれることの一端である。

　問題や症状もいろいろな要因が合わさって構成されていることが多い。症状があるがゆえに，それを引き起こしている真の理由に直面化しないですませられる，など，時に症状に守られる一面もある。

　抵抗は，精神分析療法の分野において研究が進められている。それによると，無意識にあるものが意識にのぼることが苦痛であるため，無意識の下に抑え込もうとする働きによるものとされる。

　カウンセリングや心理療法において，抵抗は大切に取り扱われる要素である。

た行

## ●適性検査

　ある職業に就いたり活動をしたりする際，それがその人に向いているか，どの程度獲得が可能であるか，あるいは効果的に進めることができるかを量的に測る検査。心身の両面が対象となる検査もある。基本的には，その職業や活動が必要とする能力の可能性（資質）を測るものであり，興味の方向が測定できるものもある。測定された結果は，現在の時点のものであるということと，適性検査による可能性は，今後，その職業に就くことや活動をするうえでの適正を示すものであって，あくまで予測の範疇にある。

　▷ cf. 作業検査，性格検査

## ●転移（transference）

　学習の転移と精神分析用語の転移があるが，ここで扱うのは後者である。

　新しい事態に対しても，過去の反応様式で反応したり適応したりすること。

　現在の新たな人との関係のなかに，過去に関わった人との関係を反映させること。

　たとえば，過去に伯父から厳しすぎる叱責を受け，怒りと（また，同じことが起きないだろうかとの）怖れを抱くとする。過去の時点でその体験を消化したり乗り越えたりする機会が得られるとよいが，そうでない場合，個人のなかでの体験が過去のものとならず，痕跡を残すことになる。普段それは特に意識されないが，過去の人間関係を想起させるような条件下に置かれると，過去の人間への感情（ここでは，怒りと怖れ）を，新たな第三者に向けることになる。年上の男性に出会うと，怖れを感じやすいなどである。カウンセリングや心理療法では，このように転移を見極め，扱うことが治療目標のひとつでもある。

## ●天井効果

　ある程度，カウンセリングや心理療法が進むと，クライエントは，はじめに希望していた目標への到達や進歩を遂げていなくても，できるかぎりの進歩を遂げた，と考える時点で満足して終わりの提案や申し出をすることがある。

　一方，先のカウンセリングや治療に，それ以上，進歩など期待を抱くことができず，継続して援助を受ける必要はないと考え，終わりの提案をすることがある。天井効果は，後者のような状況を示す。

　前者の状況がより望ましいが，クライエントからそのような提案や申し出があれば，カウンセラーや治療者は，その見極めが妥当なものであるかどうかをクライエントと共に検討する。大事な課題が残されているようであれば，今後の見通しを伝え，引き続き取り組むこともあるが，妥当であれば終わりのための準備に入る。

## ●投影法

　曖昧な図などの刺激に自由に反応する（応える）ことで，無意識的なこころの機制が反映される。そこに反映されたものから，こころの状態をとらえる方法。投影検査法とも呼ぶ。投影法は，標準化された検査ではないので，答えに正しいとか誤りという判定はない。

　投影法は，主に，クライエントの状態を把握（アセスメント）する目的で施行されるが，時に，治療に用いることもある。

　投影法には，ロールシャッハ検査，TAT 検査と呼ばれるものがある。

　▷ cf.　質問紙法

## ●動機づけ

　行動を始発させ，それを維持し，一定の方向に導き，やがて終結する過程。

　動機づけという表現は狭いとらえ方との批判がある。なぜなら，動機を持たない場合も動機づける意味にとられるなど，意思により行動が引き起こされる場合のみを取り扱うような印象を与えるためである。

　本書では，カウンセリングを受けようと思う気持ちを示している。

## ●統計的処理法

　心理検査の処理や分析・研究において，臨床的手法ではなく統計的手法を用いること。個人のデータやサンプルを，組織化し，数量化ののち予測公式を利

用して，集団（母集団）の標本や分布の型を推定したり，確率を予測したりする。反対に，集団から個人を導き出す方法もとられる。現代では，コンピューターの利用により，情報の処理範囲や速度が向上した。

　一方，統計的手法には，客観性や予測・判断の精度が高められるなど有用な点が認められるが，臨床的手法によりとらえられる人間の個性が得られにくいなどの点が提起されている。双方の問題はしばしば論議の対象に取り上げられるが，治療者の枠組みのなかで，両手法をほどよく取り込む工夫は，より益をもたらすものである。

た行

## ● 洞察（insight）

　①心理療法の過程上，生起しうるものと，②問題解決学習で使われる言葉である。本書では前者を扱う。

　心理療法の進行とともに，それまで気づかなかった（意識されなかった）自己の欲求，葛藤，感情，そして行動を意識すること。また，その意味を理解すること。真の洞察は，知的な洞察にとどまらず，心理療法の場で出される苦しみやカタルシスなどを経て得られるといわれる。洞察により自我の変化を伴うなど心理療法において大切な要である。

## ● 共揺れ

　本来治療者は，クライエントの問題に中立性を保っている存在である。

　ところが，治療者も人間である以上，こころの中にさまざまなものを有している。それらに，十分注意を払ってはいても行き届かないことがある。それは，治療の場において，クライエントとのやりとりを通して，自己の未解決のコンプレックスや葛藤が刺激され，クライエントの問題と自己の問題が微妙に重なり合うことなどにより起こるとされる。それを共揺れ状況にたとえるが，そのような状況に陥らないように，またそのような状況が生じていること（見えにくくなっているこころの在りよう）に早めに気づく必要がある。ゆえに治療者もスーパーヴィジョンを受けることに意義を持つ。

## ● トランス（tarance）

　催眠現象によるトランスは，催眠性トランス（hypnotic trance）と呼ばれる。通常とは違った意識の状態。感覚・知覚・運動・記憶・思考・感情などが覚醒時とは異なる。暗示にかかりやすい（被暗示性亢進）状態にある。トランスの

メカニズムの全容は，まだ解明されていない。

# 【な行】

## ● 内的変化

　カウンセリングや心理療法を受けることで，しだいに，症状や問題そのものの外的変化が得られるだけでなく，自己の好ましい面もそうでない面も自分であると肯定的に受け容れられるようになったり，もののとらえ方に幅が出たりするようになること。外的変化と内的変化は，独立したものではなく，互いが影響しあう関係にある。
　　▷ cf. 外的変化

## ● 認知行動療法（cognitive behavior thrapy）

　行動療法学派と精神力動学派から受け継いだ要所を統合したもの。
　前者からは，行動の変化に重点を置く行動療法的技法と戦略（段階的な作業を割り当てる），スケジュールに則って進める，行動のリハーサル，ロールプレイの実施などを受け継ぎ，後者からは，内的な対話とそのプロセスを得た。
　行動療法では，行動（a）を対象にするのに対し，認知行動療法では，感情や考えが行動に及ぼす過程（b）を対象にする。対象：〈a〉虫がいると動けなくなる→〈b〉虫は刺す。刺されるのは怖いので，どうすればよいかわからなくなり，動けなくなる（→これまでの体験を見直す）など。
　認知行動療法の代表的な方法論には，エリス（Ellis. A.）の「論理療法」やベック（Beck, A.T.）の「認知療法」がある。

## ● 認知の再構成

　⇒認知の変化

## ● 認知の変化

　自動化・パターン化したもののとらえ方，特有の思考の形式に気づき，新たなもののとらえ方，思考形式に変容するなど，認知の再構成がはかられること。

## ● 認知療法（cognitive therapy）

　認知行動療法の方法論のひとつ。ベック（Beck, A.T.）によって発展した療

法。ベックは，症状や問題行動は，誤った学習に基づいたものと考えた。

その結果，認知的歪み（自己を否定的にとらえる，感情や思考，行動がパターン化する）が生じるとの結果に至った。この歪みを再検討し，改善する（学習しなおす）ことが，症状などの軽減・消失につながるとした。

治療目標は，クライエントが思考・行動・感情の三者を，またその相互作用を自覚できるようになること。これまで生活史のなかで築き上げた行動となる下敷き（スキーマ〔schema〕）を見つける。あわせて，非機能的（自分は，何をやってもうまくいくはずがない，など），非理性的（乗り物に乗ると気分がすぐれない。所詮乗り物は危ないものなので乗らないほうがよい，など），自動化・パターン化した思考に気づき，現実の生活で適応的に効果的に対応できるような対処法を身につけることにある。

ベックは，うつ病者の認知（もののとらえ方）の歪みに着目し，研究を発展させた。

# 【は 行】

## ●箱庭療法

英国のローエンフェルト（Lowenfeld, M.）によって発案され，のちにカルフ（Kalff, D.）によって発展した心理療法のひとつ。サンドプレイ（sandspiel）。

1965年，河合隼雄氏によってわが国にも導入された。本法は，子どもに限らず成人にも使えることが特色である。

用具の本体は，W 72cm × D 57cm× H 7cm の木箱で，内側は水色に塗装されている。箱の中には，予め，白砂が入れられている。傍の棚には，ミニチュアの人形，動物，植物，乗り物，建造物，家具などが用意されている。クライエントは，治療者に見守られながら，その木箱の中に自らの世界を創り上げて（配して）いく。

## ●場所

時間・頻度・期間・料金とともに，心理療法の要素（枠構造）のひとつ。状況が許すならば，いつも同じ場所・部屋でカウンセリングを行うことに意味を持つ。それにより，クライエントは守られている感覚が得られ，安心や安定につながる。

## ●発達課題

　人間が生物学的存在として，社会文化的な存在として健全に発達するには，各々成長段階（ステージ）に応じた課題があるとされる。たとえば，乳児期，幼児期，児童期，青年期，成人期，壮年期では達成すべき課題は異なる。

　エリクソン（Erikson, E.H.）は，発達課題を8段階に分けた。乳幼児期は，自分は母親や養育者に愛され，欲求がほどよく満足させられる，ゆえに人は信頼できる存在であるととらえることができる基本的信頼感を獲得する時期であるとした。また，青年期は，自分は自分，多少の時間を経ても自分が他のものに変貌することはないという感覚──自我同一性（ego-identity）──を獲得する時期であるとした。

　一つひとつのステージの課題が達成されることで，次の課題に進むことができる。反対に，そのステージの課題が達成されないと，それ以降の課題に進むことが難しくなるとされるため，年齢相応の発達が大切となる。

## ●発達検査

　主に乳幼児を対象として，その発達が標準とどのくらいずれがあるかなどを調べるもの。特に遅れを測ることが目的ではない。測定により遅れを見つける可能性もあり，それを効果的に療育につなげることができれば望ましい，という姿勢である。知能検査のように，知能に限局するものではない。

　発達検査には，遠城寺式乳幼児分析的発達検査法や新版K式発達検査などがある。遠城寺式乳幼児分析的発達検査法は，移動運動，手の運動，基本的習慣，対人関係，発語，言語理解をみて測定していくものである。

　また，新版K式発達検査は，ゲゼル（Gesell, A.）の発達診断や，ビューラー（Bühler, C.B.）の発達検査から検査項目を取り入れて作成した発達検査で，①姿勢–運動領域，②認知–適応領域，③言語–社会領域を測定していく。

## ●否認（denial）

　現実を認めたり受け容れたりしないこと。子どもには，よくみられることである。大人が否認する背景には，抑圧など精神的な機制が働いていることがある。

　否認の背景を探ることは，問題や症状の緩和につながることがあり，心理療法で扱う要素のひとつ。

### ●病識（insight into disease）

　メンタル面に限定していえば，こころが良い状態でないとき，そのことを自らがわかっていること。ここでいう良い状態とは，認知・思考・判断など現実の検討，情緒，自己と外界の感覚，人間関係などが適切な（適応した）状態にあることを指す。

　通常，「病識がある」「病識がない」などと使われ，精神の病の診断の指標でもある。ある精神の病では，病識がない（持てない）ことにより，現実に生じていないことをあたかも生じたかのようにとらえ，思考や行動に反映されることがある。

　ヤスパース（Jaspers, K.）は，病識を厳密に提唱したが，そのような病識を持つことは困難といわれている。

### ●頻度

　本書では，面接をどれくらいの間隔で進めるかを示す。

　1週間に1回にするのか2回にするのか，あるいは，2週間に1回にするのかに関すること。精神分析的な技法で進める場合，1週間に2〜5回設定されることもある。頻度は，治療者が提案し，クライエントは，それについて，十分に検討し，双方合意を得たのち開始される。

### ●夫婦面接

　夫と妻が，同じ場所で同じ時間に共通のテーマに沿って進める面接。

　治療者が1人で夫婦と進める1対2のスタイルや，治療者が2人（同性に限らず男性・女性が1人ずつ）同席して進める2対2のスタイルなどがある。

　同じ場所で同じ問題を共有していくことにより，多角的な視点が提供され，促進的でもある。

　また，その場に治療者が介在することにより，家庭内での話し合いのような，感情面にウエイトが置かれる状況が避けられる。

　経験を積んだ力量ある治療者のもとで受けることが望ましい。

　▷ cf.　合同面接，家族面接

### ●プレイセラピー（play therapy）

　遊戯療法とも呼ぶ。遊びを媒介にした心理療法を指す。

　フロイト（Freud, S.）の娘アンナ・フロイト（Freud, A.）やアクスライン

（Axline, V.M.）によって発展。子どもにとって，遊びは全身で関わるものであり，それ自体が心身の発達に大切なものである。遊びを通して，言葉に代わるものを表出し，内的な世界を表す。そこには，治療的な機能も働き，不安や葛藤，欲求などの変容も扱われる。遊具として絵画用具，粘土，ゲーム，人形，乗り物，運動用具などが用意され，目的に応じて，子どもの指向に任せる場合とあらかじめ治療者が選定する場合がある。

### ●分離

　文字通り分けたり離れたりすること。本書では，人や物との別れを指す。別れに際し，人には，さまざまな感情が生起する。その感情の源には，乳幼児期の分離の体験の様相（下敷き・スキーマ〔schema〕）や，それ以降の体験の一端がみられることがある。

　▷ cf. 分離-個体化，分離の課題，見捨てられ不安

### ●分離-個体化（separation-individuation prosess）

　自我心理学者マーラー（Mahler, M.S.）が，自我の発達段階を自我心理学の視点から提唱した。乳幼児を体系的に観察し，精神分析的発達理論を展開した。出生直後から生後6カ月を共生期，以降6カ月から3歳頃を分離-個体化期とした。この分離-個体化の時期をさらに4段階に分けた。

　共生期は，子と母親はお互いに依存しあう（相互依存の）関係にある。分離-個体化の時期は，子の身体は母親から分化し，外界を探索したり再び母親のところに戻ったり（接近したり）することを試みながら個体化への途を辿る。

　自と他の境界が認識されて，自分は自分，他の何ものでもないものという自我同一性を獲得するプロセスの早初期にあたる。このように相互で築く個体化のプロセスがなんらかの要因でうまく越えられないと，分離不安を生じたり，青年期の自立過程に影響を及ぼすことがあるといわれている。

　※上記の「母親」は，「愛着のある養育者」に置き換えることができる。

　▷ cf. 分離，分離の課題，見捨てられ不安

### ●分離の課題

　なんらかの要因で乳幼児期に個体化の課題が残されると，幼児期になっても親（愛着のある養育者）と離れることに強い不安を抱いたり，離れることができなくなったりする。親のあとを追っていなければならなくなる，その時期の

問題を指している。つまり，分離の課題が残された状態である。よって，あらためて課題に取り組む必要が生じる。これは幼児期に限らず，後年になってから表れることもある。

　▷ cf.　分離，分離-個体化，見捨てられ不安

## ●併行面接

　たとえば，同じ機関で親子が面接を受ける際，親と子は別々の治療者が担当して進めること。

　その際，親と子のテーマが必ずしも一致しなくてもよいが，親担当と子ども担当の治療者は，クライエントの了解のもとで連携を取り合うことがある。

## ●ホールディング（holding）

　本書では，治療者自身が，あるいは面接室内環境が，あたかも赤ん坊を抱きかかえるかのように働く姿勢を示す。

　ホールディングは，ウィニコット（Winnicott, D.W.）が重視したもの。ほどよい（good enough）母親は，育児に自然に傾注し，十分に子どもを「抱っこ」「抱きかかえ」をして，子どもの成長にしたがい少しずつ上手に手を放していく。このような関わりを得た子どもは，安定した発達（分化した二者関係：分離-個体化）にのりやすいといわれる。心理療法では，上記に近い状況や環境を提供することにより，治療に役立てる。

# 【ま行】

## ●見捨てられ不安

　生育史上の要因や過去の未解決のこころの在りようから，他者が自己の気持ちを汲むことなく関係を終了し，自己を見捨てるのではないか，という感覚が起こり不安や強い苦痛を感じるもの。この現象は，現実の関係のうえで成立した結果というより，自己のとらえ方に基づいている。なお境界性パーソナリティ障害の症状のひとつにあげられている。

　マスターソン（Masterson, J.）は，カーンバーグ（Kernberg, P.F.）とマーラー（Mahler, M.）の発達理論から，この説明を試みた。

　たとえば，子（乳幼児）が，それまでの母親に依存した共生期から分離-個体化の課題に取りかかる際，温かく添いつつ見守るという姿勢をとらずに，冷

たくしたり突き放したりする態度をとり，反対に，子が母親に依存してくるようであれば愛情を与えるという関係性が基盤にあると推論されている。このような体験は，子の健全な独立・成長を阻み，病理の芽となる可能性を擁する。

　治療の内外で，見捨てられの現実や想像にとらわれると，なんとかそのような状況を回避しようと，過剰な努力や行動がみられることがある。治療者は，遡及的に，分離−個体化期などの問題が推測される場合，その検討，解釈とともに，課題の再取り組みを支援するなど，クライエントにフィットした方策を勘案する。

　▷ cf.　分離，分離−個体化，分離の課題

### ●明確化

　不明瞭なこと（事象）を明瞭にすること。具体的には，クライエントの話の流れのなかで，はっきりしないことがあれば，「それはどのようなことですか」など，はっきりしていない様子を伝えて，明瞭に伝えてもらえるように促す。

　また，治療者のほうで，事象が明瞭になるよう，つながりの可能性のあるいくつかのことを伝え，クライエント自身がつなげて明瞭につかめるよう援助すること。明確化を促進するものは，治療的に意味を持つと思われるものであり，すべてが明確化の対象になるものではない。

### ●面接（interview）

　時間・場などの枠組みを設定して，特定の目的を持った人間が会い，コミュニケーションをとるなど，相互の目的に向かうこと。

　カウンセリングや心理療法では，一回一回の機会を面接と呼ぶことが多い。カウンセリングの予約イコール面接の予約のことを示す。

## 【や 行】

### ●欲求（need）

　行動を引き起こし，特定の方向に導くためのもととなる条件・要因。水を飲む，食物を摂取するといったより生理的な行動は，生命維持（ホメオスタシス性欲求）など明解な要因であることが多い。他方，心理・社会的な欲求は，ひとつの欲求にいくつかの欲求が含まれているなど複合的であり，その種類や性質，強度もさまざまである。

要求とも重なるが，欲求のほうがより広義である。意志を含まない行動としての衝動（instinct）にも関連している。

これらの働きを解明していくことは，こころの問題の対応にもつながる。

## ●予約

カウンセリングや心理療法では，あらかじめ日時を約束して進める。予約は一方的なものではなく，カウンセラーや治療者とクライエント（来談者）によって折り合う日時を決めるものである。入れた予約は守ることが前提であるが，なんらかの理由で予約の変更が生じたときは，速やかに連絡を入れたい。たびたびの予約変更には，そこになんらかの背景因が存在することがあるため，「予約変更」それ自体を課題とすることがある。予約は，クライエントを縛るものではない。

# 【ら行】

## ●らせん

ピアジェ（Piaget, J.）に代表される漸成発達（epigenesis）現象を指す。エリクソン（Erikson, E.H.）の発達段階と心理・社会的危機も同じ要素を持つ。

発達は，一次元的・直線的なものではなく，全体として統合されたものである。成長に応じて，各々の段階では発達課題が用意されているが，ある段階の課題は，後の段階の準備期でもあり，前の段階で取り組んだものは後の段階に統合されていく。そこには同質の課題も含まれ，少しずつ洗練・統合されていく。

その様子は，あたかも大きならせんを描くようにイメージされることから，発達現象をそのように表現している。

## ●理想の自己

「こうであるとよい」など主観的なイメージ（頭の中）によって描かれる自己。理想の自己においては，良いとされない面は排除される傾向にある。

▷ cf.　現実の自己

## ●了解

人間の心的な働きや行動を共感的に理解し，その意味を洞察することを示す。

「了解が可能」「了解が困難」などと表現される。

　ここで，了解心理学の流れに触れておく。実験心理学のヴント（Wundt, W.）は，精神現象を断片的，部分の総和として取り扱うことが可能であるとした。ディルタイ（Dilthey, W.）は，それに反論し，心的なものの意味が大切と考え，精神現象は了解によって総体的にとらえられるものであるとした。のちに，ディルタイの考えは，シュプランガー（Spranger, E.）やヤスパース（Jaspers, K.）によって発展を遂げる。

## ●料金

　時間・頻度・場所・期間とともに，心理療法の要素（枠構造）のひとつ。

　1回のカウンセリング（心理療法）には，料金が必要になる。その料金のことを面接料とか面接料金，カウンセリング料とかカウンセリング料金と呼ぶ。

　料金を支払うことで，その枠を自己のものとして得ることができ，不必要な遠慮が排除される。その時間や場所は，そのクライエントのために用意されたものである保証的意味あいから，クライエントを守るものである。

　カウンセリング終了後，医療機関など窓口で支払うところもあるが，治療者に直接支払うところもある。自由診療の医療機関やカウンセリングのみを受けている機関では，後者の方法がとられる。

　▷ cf.　自由診療，健康保険適用の治療，診療費

## ●臨床心理士

　1988（昭和63）年，文部省（現在の文部科学省）の許認可によって設立された財団法人日本臨床心理士資格認定協会の認定資格。または資格を受けた者。

　当初，経過措置として数種の取得方法が定められたが，現在，資格を得るためには，大学院の博士前期課程（修士課程）において，心理学を専攻し，原則として1年以上の心理臨床経験を有する者，または指定大学院修了者で上記協会の審査（年1回の筆記・口述試験）により認定する形をとっている。本資格は，5年ごとに審査が行われ，心理臨床能力の維持・発展のために，研修や研究が義務づけられている。

　※公認心理師　▷ cf.　本書冒頭「本書の表現について」

# 【わ行】

## ●枠
　⇒枠構造

## ●枠構造
　カウンセリングや心理療法を受けに，来室・来院されるクライエントに応じて処方される手続き全体を指す。

　枠構造には，外的な要素と内的な要素がある。前者は，時間・頻度・期間・場所・料金などであるが，治療者の性別や年齢も含まれる。後者は，倫理事項，治療目標などがあげられる。これらの枠は，クライエント・治療者双方を保護するものである。さらに，カウンセリングの進行や治療のうえで，あるときは双方の関係を支える器的な，またあるときは促進的な役割を果たす。単に「枠」，あるいは「治療構造」とも呼ばれる。

# 参考文献

Beck, A.T.：Cognitive Therapy and the Emotional Disorders. International Universities Press, 1976.

土居健郎：精神療法と精神分析. 金子書房, 1988.

土居健郎：精神分析と精神病理 第2版. 医学書院, 1995.

Erikson, E.H.：Identity and the Life Cycle. International Universities Press, 1959.（小此木敬吾訳編：自我同一性. 誠信書房, 1973.）

藤山直樹：精神分析という営み. 岩崎学術出版社, 2003.

藤山直樹：集中講義・精神分析 上 精神分析とは何か フロイトの仕事. 岩崎学術出版社, 2008.

藤山直樹：集中講義・精神分析 下 フロイト以後. 岩崎学術出版社, 2010.

藤山直樹：精神分析という語らい. 岩崎学術出版社, 2011.

福島章：精神分析で何がわかるか――無意識の世界を探る. 講談社, 1986.

福島章：フロイトの「心の神秘」入門 無意識と夢判断の自己分析. 講談社, 1999.

樋口輝彦, 市川宏伸, 神庭重信ほか編：今日の精神疾患 治療指針 第2版. 医学書院, 2016.

本田秀夫ほか（特集 不登校・ひきこもりに対する精神科医療の関わり）. 精神科治療学. Vol.34, No.4, 2019.

片口安史：改訂 新・心理診断法 ロールシャッハ・テストの解説と研究. 金子書房, 1987.

加藤正明編：新版 精神医学事典. 弘文堂, 1993.

小林利宣編：教育臨床 心理学中辞典. 北大路書房, 1990.

國分康孝編：カウンセリング辞典. 誠信書房, 1990.

Laplanche, J., Pontalis, J.-B.：Vogabulaire de la Psychanalyse. Universitaires de France, 1967, 1976.（村上仁監訳：精神分析用語辞典. みすず書房, 1992.）

松原達哉編：最新心理テスト法入門. 日本文化科学社, 1995.

Menninger, K.：Theory of Psychoanalytic Technique. Basic Books, 1958.（小此木敬吾, 岩崎徹也訳：精神分析技法論. 岩崎学術出版社, 1969.）

村上猛, 桑原斉, 酒井隆ほか編：こころの治療薬ハンドブック 第12版. 星和書店, 2019.

中島義明, 安藤清志, 子安増生ほか編：心理学辞典. 有斐閣, 1999.

新村出編：広辞苑 第四版. 岩波書店, 1992.

Nussbaum, A.M.：The Pocket Guide to the DSM-5 Diagnostic Exam. American Psychiatric Publishing, 2013.（高橋三郎監訳：DSM-5 診断面接ポケットマニュアル. 医学書院, 2015.）

小此木敬吾, 岩崎徹也, 橋本雅雄ほか編：精神分析セミナーⅡ 精神分析の治療機序. 岩崎学術出版社, 1982.

大山正, 藤永保, 吉田正昭編：心理学小辞典. 有斐閣, 1978.

Sadock, B.J., Sadock, V.A., Ruiz, P.：Kaplan & Sadock's Synopsis of Psychiatry - Behavioral Sciences/Clinical Psychiatry Eleventh Edition. Wolters Kluwer, 2015.

Sifneos, P.E.：Short-Term Dynamic Psychotherapy. Springer, 1979.（丸田俊彦, 丸田純子訳：短期力動精神療法. 岩崎学術出版社, 1984.）

外林大作, 辻正三, 島津一夫ほか編：誠信心理学辞典. 誠信書房, 1981.

高橋三郎監訳：DSM-5 鑑別診断ハンドブック. 医学書院, 2015.

氏原寛, 小川捷之, 東山紘久ほか編：心理臨床大辞典. 培風館, 1992.

Weiner, I.B.：Principles of Psychotherapy. John Wiley & Sons, 1975.（秋谷たつ子, 小川俊樹, 中村伸一訳：心理療法の諸原則 上・下. 星和書店, 1984, 1986.）

World Health Organization：The ICD-10 Classification of Mental and Behavioural Disorders - Clinical Descriptions and Diagnostic Guidelines. World Health Organization, 1992.（融道男, 中根允文, 小見山実ほか監訳：ICD-10 精神および行動の障害 臨床記述と診断ガイドライン 新訂版. 医学書院, 2018.）

# あ と が き

　最近は，書店に赴けば，「心理学」や「心理療法」，そして，「カウンセリング」の類の書籍が溢れています。それは，それで，各々の人が求めることに役立っているのでしょう。また，凄惨な事件やいじめといった言葉が後を絶たず，国会でも論議されているところです。そのような世相も受けてか，こころに関することが注目されています。

　そのような社会情勢の一方で，病院や相談室を訪れるクライエントによる質問やコメントには誤解も多く見受けられます。

　「おかしい人や病気の人が行くところではないのですか？」「悩み事は，自分で解決するものではないのですか？」「困ったことは，親しい友人に相談したほうがよいと思います」「何か秘法や催眠を使うのでは？」「相談してみたいことはあるけれど，敷居が高い感じ……」等々。お尋ねには，すでに先入観があって，かつての調査の結果を踏まえると，ある程度，パターン化していることもわかってきました。

　では，そのようなことを書いてある本があるかというと，なかなか見つけられません。

　科学ベースの心理学に基づいた心理療法をご存じの方は，どれくらいいらっしゃるでしょうか。

　おそらく，潜在的な需要は相当あるのだろうけれど，心理療法がどのようなものであるのかが自明となっていないようでは，相談以前に心配や懸念が存在することになります。

　福島章は，序文で「カウンセリングとは，日常生活の中には他に類例をみない人間関係だから，一般の人々には，それが具体的にどんなことをするのか，そこで何が起こり，何か生まれてくるのか，などを想像することは難しい」と表現しています。言い得ていると思います。

　時は平成も終わろうという 2018（平成 30）年秋，第 1 回「公認心理師」

の試験が行われました。

　その試験日にも，合格発表日にも，メディアによる報道はありませんでした。そのことを心理の専門家がツイートしていました。

　それはつまるところ，社会は，真に「心理」のことを，「心理の仕事」を，「スクールカウンセラーの仕事」を，「災害時に派遣され，現場で大いなる力を注いでいる心理職の現実」を知らないのではないか，との考えに至りました。そうであれば，やはり，知ってもらいたい。知ったうえでのメッセージやコメントを大事にしたいと思いました。

　そこで，現代の日本において，世界標準にも準拠した日本のスタンダードな心理療法に関するお尋ねに応えたいと考えました。それを一つひとつ丁寧に取り上げて著してみました。言葉も，できるだけ平易な表現を心がけました。

　実際の心理療法やカウンセリングの流れに沿って記しましたので，ひとまずすべてに目通ししていただいて，全体を俯瞰することも可能ですし，その進行に合わせて，読み進めていくことも一考かと思います。そのような行為は，クライエント・治療者の双方にとって有益であり意味を持ちます。

　時間の関係で，現代通用しているいくつかの有効な心理療法を紹介することには，限りがありました。次回の課題とさせていただきたいと思います。

　ここで，少し執筆過程について，出版社に相当にご迷惑をおかけしましたので，記しておきます。

　本書のインキュベーションのプロセスは，それなりに時間を要しました。執筆上，ためらいも多く，今なお考量しているところもあります。例えば，何も知らずに心理療法を受けることもそれはそれでよいのではないか。専門用語の記述も含めて，このように本質を晒すことはかえって害になりはしないだろうか。明るみに出すことで興ざめたものになりはしないかという戸惑いです。検討に検討を重ねた結果，「知る権利」もだいぶ浸透してきた今日，これくらいは知っておいてもよいのではないだろうか。むしろ，知っておいてもらったほうがよいのではないかとの結論に至りました。つまり，比較衡量論でいうところの，知ることの不利益よりも，知らないことの不利益のほ

うが著しく大きいとの見解を得たからです。

　時間は有限です。

　世に，知っている人がいるのであれば，それを他者に還元することにも意義があります。知ろうと思わない人は，本書を手に取らないでしょうし，頁をめくることもしないでしょう。

　それでも，本書は，未だ試論の域にあるといえます。検証は，これからということになります。完成したものではないので，一般の方は，一つの知識の機会に，また，初学者や治療者の立場にある方は，自らの考えの展開の起点ともなりえましょう。公認心理師の経過措置終了後，臨床心理士資格を取得せず，公認心理師を目指される方には，具体的な心理療法をイメージする一助になるとよいと思います。志を同じくする仲間と共に，自分であれば，こうする，こう考えるといった語り合いの機会としての端緒となるかもしれません。完璧ではないものゆえの副産物です。

　このたびの執筆は，わたしにとって，大変意義のあることでした。これまでの学びや修業，日々の臨床が真に自分のものとなっているのか。クライエントに提供できていて，補うものは何であるかが顕現してきました。

　思い返すと，学部や大学院在学の頃から，専門家として役に立てるようになることはもとより，一般に方々に益をもたらすことを研究したいと考えていました。

　ようやく本書が，日の目を見る機会が訪れました。

　起案，草案の試みは，時に苦しく，時に楽しいものでした。ですが，このように一つの形として，皆さまにご提示できることは，望外の喜びです。

　人生には，思うようになることと，予想外のことがままあります。自分の力が存分に発揮できることもあれば，どうにも抗うことさえできないこともあります。そこには，神による，あるいは，何かによる万能な力が働いているように感じるのは筆者だけでしょうか。本書は，このような見えない約束がなされていたかのようにも感じます。

　出版という営為は，自律的ではありません。どうしてもこれを出版するのです！ と言い張って，できる類のものではありません。

　そういう観点からみますと，心理学でいう「時熟」が今であるのかもしれません。

　これからも，日本の片隅で，丁寧な心理療法に努めてまいります。クライエントの皆さまから，たくさんの学びをいただきながら。


　筆者の心身に沁み入り，心身を巡り，インキュベーションの過程を経て，世に著すまでに，後記の方々には，長期に亘り活き活きとした熱心なご指導を賜りました。すべての恩人を記すことは難しいため，その点はお赦しいただきたいと思います。

　ご指導くださいました先生方には本書をもって御礼申し上げます。

　上智大学名誉教授の福島章先生には，在学時の指導教官であり，本書の構想から執筆の折々でご指導をいただきました。

　さらに，格調高い序文を賜りましたことと併せて，御礼申し上げます。

　上智大学教授・精神分析家・藤山直樹先生には，ご講義においても，実践においても，多くの絶妙なアドバイスをいただきました。

　弁護士法人リエゾン所長・弁護士・中村芳彦先生には，学会発表抄録や法分野の知識に温かなご指導をいただきました。

　別府大学教授・中野明德先生には，駆け出しの頃から，スーパーヴァイザーとして，臨床の事例検討等を施していただきました。

　花クリニック院長・矢花芙美子先生からは，臨床心理士としてのとば口に立ったときから，やさしく育まれつつ，明確に臨床のいろはを教えていただきました。

　日本臨床心理師会会長・日本大学教授・津川律子先生には，筆者が上梓した論評を引用していただく等，励ましていただきました。

上智大学 教授　　　　　　　　　　　　甘利 公人 先生

東京都健康長寿医療センター 名誉理事　　井藤 英喜 先生

包括システムによる日本ロール・シャッハ学会理事　岩井 昌也 先生

香花園 会長　　　　　　　　　　　　　内田 広光 様

ひろメンタルクリニック　　　　　　　　遠藤 博久 先生

| | |
|---|---|
| （財）日本臨床心理士資格認定協会専務理事 | 大塚　義孝　先生 |
| 上智大学　名誉教授 | 荻野　美佐子　先生 |
| 公益財団法人　東京都保健医療公社　豊島病院　部長 | 尾崎　茂　先生 |
| 裁判官 | 遠田　真嗣　先生 |
| NY 州通訳 | 勝海　吉広　様 |
| 精神分析家・医師 | 神田橋　條治　先生 |
| 東京都福祉保険局　青梅看護専門学　副校長 | 木全　怜子　先生 |
| 東京大学　教授 | 小島　慎司　先生 |
| 筑波大学附属病院水戸地域　療育センター　医師 | 小林　裕幸　先生 |
| 上智大学　教授 | 駒田　泰土　先生 |
| 權田法律事務所　弁護士 | 權田　光洋　先生 |
| 東京都健康長寿医療センター　臨床心理士 | 斎藤　久美子　先生 |
| 東京工業大学　教授 | 齋藤　賢司　先生 |
| 弁護士法人リエゾン　弁護士 | 齋藤　成俊　先生 |
| 日本保健医療大学　名誉教授 | 作田　明　先生 |
| 慶應大学　法科大学院 | 佐々木　花子　様 |
| 防衛医科大学校　助教 | 佐藤　豊　先生 |
| 筑波大学　教授 | 沢宮　容子　先生 |
| 上智大学　名誉教授 | 霜山　徳爾　先生 |
| 弁護士法人リエゾン　所長・弁護士 | 大門　あゆみ　先生 |
| 上智大学　法科大学院　院長・教授 | 田頭　章一　先生 |
| 東京都健康長寿医療センター　救急診療部長・循環器内科部長 | 坪光　雄介　先生 |
| 東京大学名誉教授 | 土居　健郎　先生 |
| 高野法律事務所　弁護士 | 高野　隆　先生 |
| 東京都健康長寿医療センター　副院長・外科総括部長 | 時村　文秋　先生 |
| 弁護士 | 長野　宰士　先生 |
| 三芳の森病院　院長 | 西野　忠　先生 |
| 原宿カウンセリング・センター　所長 | 信田さよ子　先生 |
| 東京都健康長寿医療センター　精神保健福祉士 | 畠山　啓　先生 |
| 比賀クリニック院長 | 比賀　晴美　先生 |
| 上智大学　教授　副学長 | 久田　満　先生 |
| IT コンサルタント・法学学士 | 三澤　嘉範　様 |
| 東京国際大学　教授 | 溝口　純二　先生 |
| 山王病院　心療内科部長 | 村上　正人　先生 |
| 風メンタルクリニック　院長 | 森　大輔　先生 |
| 上智大学　教授 | 矢島　基美　先生 |
| 防衛医科大学校　教授 | 山崎　久美子　先生 |
| 東京都健康長寿医療センター　呼吸器内科部長 | 山本　寛　先生 |
| 上智大学　教授 | 横山　恭子　先生 |

（以上，五十音順）

　本書は，このようにたくさんの先生方・ご専門家のご尽力の結晶であります。

　星和書店の代表取締役社長石澤雄司様には，寛大な酌量をいただきました。編集ご専門の近藤達哉様には，秀逸な技術とともに，温かな息吹を吹き込んでいただきました。同じく編集ご専門の桜岡さおり様には，やさしい細やかな機微とともに，ご支援をいただきました。本書を世に出すにあたり，多大なるご尽力をくださいました石澤様，近藤様，そして，桜岡様に，御礼申し上げます。

　　　わたしの歩みを黙って温かく見守ってくれた両親に感謝を込めて

　　　　　　　　　　　　　　　2020 年 1 月

　　　　　　　　　　　　　　　　　　　古 澤 聖 子

■著者

**古澤 聖子**（ふるさわ　せいこ）

東京生まれ。臨床心理士。1992 年上智大学文学部心理学科卒業。1994 年上智大学大学院心理学専攻博士前期課程修了。2018 年上智大学法学部卒業。1992―1999 年，東京都都立墨東病院勤務。その後，獨協医科大学，中央大学など，多くの大学の非常勤講師を務める。2007―2013 年，東京都スクールカウンセラー。1992―2019 年，医療法人社団明雄会 三芳の森病院勤務。現在，上智大学在籍。訴訟係属・家裁調停中等法分野，および引きこもりのクライエント，家族の心理療法支援にも取り組む。

心理療法って何？
カウンセラーに聞きたい Q & A 80

2020年 2 月 22 日　初版第 1 刷発行

著　　者　古澤聖子
発行者　石澤雄司
発行所　㈱星和書店
　　　　〒168-0074　東京都杉並区上高井戸 1-2-5
　　　　電話　03（3329）0031（営業部）／ 03（3329）0033（編集部）
　　　　FAX　03（5374）7186（営業部）／ 03（5374）7185（編集部）
　　　　http://www.seiwa-pb.co.jp

印刷・製本　萩原印刷株式会社

# こころの整理学

自分でできる心の手当て

増井武士 著

四六判　252p　定価：本体1,800円＋税

# 心理療法の下ごしらえ

患者の力の引き出し学

平井孝男 著

四六判　512p　定価：本体2,600円＋税

# 脳をみる心、心をみる脳：
## マインドサイトによる新しいサイコセラピー

自分を変える脳と心のサイエンス

ダニエル・J・シーゲル 著
山藤奈穂子，小島美夏 訳

四六判　480p　定価：本体2,800円＋税

# 卓越した心理療法家のための参考書

星の王子さまと野菜人格

グレン・C. エレンボーゲン 著
篠木満 訳

四六判　328p　定価：本体2,400円＋税

発行：星和書店　http://www.seiwa-pb.co.jp